Carl Gottlob Rössig

Die Geschichte und statistische Darstellung der Stadt Erfurt

Carl Gottlob Rössig

Die Geschichte und statistische Darstellung der Stadt Erfurt

ISBN/EAN: 9783743346734

Hergestellt in Europa, USA, Kanada, Australien, Japan

Cover: Foto ©ninafisch / pixelio.de

Manufactured and distributed by brebook publishing software (www.brebook.com)

Carl Gottlob Rössig

Die Geschichte und statistische Darstellung der Stadt Erfurt

Die Geschichte und Statistische Darstellung der Stadt Erfurt

in einem

kurzen Entwurf zum Unterricht

eine

von der Churmaynzischen Akademie der nützlichen Wissenschaften zu Erfurt mitgekrönte Preisschrift.

Gotha,
bey Carl Wilhelm Ettinger 1794.

Inhaltsanzeige.

Erste Periode.

Von den ältesten Zeiten bis 842.

§. 1 Aelteste Zeiten Seite 3
2 Unter den Thüringischen Königen 4
3 Unter den Herzogen 5
4 Winfrieds Ankunft 5
5 Kirchliche Verhältnisse zu Mainz 5
6 Unter Karl dem Gr. 6
7 Bevölkerung u. Cultur 6
8 Handel 7
9 Religions- und Kirchenverfassung 7
10 Künste und Wissenschaften 7
11 Politische Verfassung 8

Zweyte Periode.

12 Unter Ludwig dem Deutschen 9
13 Unter Ludwig dem Jüngern 10
14 Unter Heinrich I. 10
15 Unter Otto I. 11
16 Unter Heinrich II. und Konrad II. 11
17 Zehendstreit 12
18 Klosterveränderung 12
19 Unter Heinrich IV. 13
20 Ruthardt Stiftung 13
21 Zehendstreit Adelberts 13
§. 22 Landgrafen von Thüringen 14
23 Innerer Aufstand 14
24 Unter Friedrich I. 15
25 Graf von Buche Verdienste 15
26 Reichstag zu Erfurt 15
27 Feuersbrunst 16
28 Fehde zwischen Mainz und den Landgrafen von Thüringen 16
29 Krieg zwischen Philipp und Otto 17
30 Päbstlicher Bann gegen Otto 17
31 Begünstigungen Friedrichs 18
32 Provinzialkoncilium 18
33 Verschiedene Rechtserwerbungen in Erfurt 19
34 Gebiet, Cultur und Produkte 19
35 Bevölkerung 20
36 Handel 20
37 Wissenschaften und Künste 21
38 Wohlstand 21
39 Kirchenverfassung 22
40 Politische Verfassung 22

Dritte Periode.

41 Rath der zwölf Männer 24
42 Sicherheitsanstalten 24
§. 43 Auf-

Inhaltsanzeige.

§. 43 Aufhebung der Fleischer- und Bäckergilden 25
44 Fehden und Pest 25
45 Statuten gegen die Geistlichkeit 25
46 Friedensgericht zu Erfurt 26
47 Concordata Gerhardi 26
48 Erwerbung mehrerer Rechte 27
49 Streit wegen des Heerdgeldes 27
50 Feuersbrunst 27
51 Fehden 28
52 Vortheile von dem Landgrafen Albrecht 28
53 Gebiet, Cultur und
54 Produkte 29
55 Bevölkerung 29
56 Gewerbe u. Handel 30
57 Künste und Wissenschaften 31
58 Wohlstand 31
59 Charakter, Religions- und Kirchenverfassung 31
60 Politische Verfassung 32

Vierte Periode.

61 Viertelsmeister 33
62 Beschwerden des Volks 33
63 Streitigkeiten mit dem Landgrafen Friedrich 34
64 Theurung u. Hunger 35
65 Erweiterungen und Verschönerungen 35
66 Betragen gegen den Landgrafen 35
67 Nähere Verbindung mit demselben 36
68 Politik gegen Maynz 36
69 Erdbeben, Mord und Brand 37

§. 70 Erwerbung vieler Freyheiten 37
71 Steigende Macht von Erfurt 37
72 Zerstöhrung der Raubschlösser 38
73 Feindseligkeiten gegen den Landgrafen 39
74 Bann 39
75 Universität 40
76 Fehden mit Rudolf von Heldrungen 40
77 Höchste Größe Erfurts 40
78 Friedlichkeit Erfurts 41
79 Hussitenunruhen 41
80 und 81 Betragen gegen den Landgrafen 42
82 Erfurts Vergrößerung 42
83 Erfurt erhält ein päbstl. Privilegium 43
84 Pest 43
85 Bevestigung 44
86 Kriegsstand v. Erfurt 45
87 Politik und Erweiterung der Rechte 45
88 Albrechts Coadjutorat und Nachfolge 46
89 Ammerbach. Concord. 47
90 Gebiet, Cultur ꝛc. 47
91 Bevölkerung 48
92 Gewerbe und Handel 48
93 Wohlstand 49
94 Religion u. Charakter 49
95 Künste und Wissenschaften 50
96 Politische Verfassung 51

Fünfte Periode.

97 Ammerbacher u. Weymarischer Vertrag 54
98 Neue Staatsauflagen 55
99 Wachsamkeit auf den Handel 56

§. 100

Inhaltsanzeige.

§. 100 Concordata Bertholdi 56
101 Verschuldung 57
102 Verpfändung 57
103 Kellnerische Unruhen 58
104 Mühlhäuser Zusammenkunft 59
105 Bürgermeister aus den Handwerkern 60
106 Convent zu Erfurt 61
107 Innere Unruhen 61
108 Augsburger Tag 62
109 Maynzische Absichten 63
110 Vertrag zu Buttstedt 63
111 Vermehrung der Auflagen 64
112 Reformation und Pfaffensturm 64
113 Streit wegen des Maynzischen Hofs 65
114 Bauernaufruhr 65
115 Sächsische Beförderung der Reformation 66
116 Augsburger und Hamelburger Convent 66
117 Streitigkeiten mit Sachsen 67
118 Tag zu Mühlberg 68
119 Beschwerde zu Torgau 68
120 Schmalkald. Krieg 69
121 Einfluß der Reformation 69
122 Passauer Vertragsstreitigkeiten 70
123 Streit über das Geleitsrecht mit Weymar 70
124 Religionsunruhen 71
125 Einschränkung der Römischkatholischen 71
126 Jesuitenunruhen 72
127 Convent zu Arnstadt 72

§. 128 Verlangte Reichsunmittelbarkeit 73
129 Religionsfreyheit 73
130 Eydesweigerung 74
131 bis 134 Die dreyßigjährige Kriegsunruhen 74
135 Westphälischer Friede 76
136 Maynzische Absichten 77
137 bis 140 Innere Unruhen und Commission 78
141 Streitigkeiten über die Vierherrenwahl 79
142 Wahl der Vierherren 80
143 Anfang der Limbrechtischen Unruhen 80
144 Kaiserl. Commission 81
145 Sächsische Vermittelung 82
146 Abermalige Commission 83
147 und 148 Limbrechtische Unruhen 84
149 u. 150 Achtserklärung 85
151 Gebiet, Cultur ꝛc. 86
152 Bevölkerung 87
153 Gewerbe und Handlung 87
154 Wohlstand 89
155 Religions- und Kirchenverfassung ꝛc. 89
156 Wissenschaften und Künste 90
157 Polit. Verfass. Policey und Kriegswesen 92

Sechste Periode.

158 Anstalten zu Erfurts Achtserklärung 94
159 Folgen in der Stadt 95
160 Achtsvollstreckung 96
§. 161

Inhaltsanzeige.

§. 161 Conferenz zu Naumburg 97
162 Maynz rückt mit französischen Truppen an 97
163 Erfurts Besitznehmung 98
164 Geheime Verhandlungen 99
165 Persönliche Zusammenkunft 101
166 Chursächsische Protestation 102
167 Universitätsverbesserung 102
168 Politische Einrichtungen 103
169 Begünstigung der Evangelischen 103
170 Kriegsetat 103
171 Unglücksfälle 104
172 Bürgerliche Einrichtungen 104
173 Pest 105
174 Wohlfeilheit u. Theurung 105
175 Vorfälle im Religionszustande 106
176 Unruhen darüber 106
177 Handelsbeförderung 107
178 Verschönerungen 107
179 Boineburgische Verdienste 108
180 Verhandlungen in den herzoglich sächs. Häusern 108
181 Unglücksfälle 109

§. 182 Merkantildeputation und andere heilsame Einrichtungen 109
183 Kriegsverwüstungen 110
184 Liquidationscommission 110
185 Universitätserneuerung 111
186 Akademische Commiss. und Conviktorium 112
187 Verdienste des Herrn Coadj. v. Dalberg 112
188 Wohlstand und Industriebeförderung 132
189 Frohnmilderung 113
190 Verschiedene Schulanstalten 113
191 Medizinal-Policeyanstalten 113
192 Brandassekuranz 114
193 Wittwenkasse 114
194 Prämienkasse 114
195 Universitätsjubiläum 115
196 Gebiet, Cultur und Produkte 115
197 Bevölkerung 117
198 Gewerbe und Handel 117
199 Wohlstand 117
200 Religions- und Kirchenverfassung 118
201 Wissenschaften und Künste 119
202 Politische Verfassungen 120

Geschichte und Statistik der Stadt Erfurt.

Erste Periode.
von den ältesten Zeiten bis zu dem Jahre 842.

Innhalt.

§. 1. Aelteste Zeiten. §. 2. Unter den Thüringischen Königen. §. 3. Unter den Herzogen. §. 4. Winfrieds Zeiten. §. 5. Kirchliche Verhältnisse zu Maynz. §. 6. Unter Karl dem Großen. § 7. Bevölkerung und Cultur. §. 8. Handel. §. 9. Religions - und Kirchenverfassung. §. 10. Künste und Wissenschaften. §. 11. Politische Verfassung.

Geschichte.

§. 1.
Aelteste Zeiten.

Das Alterthum der Stadt deckt ihren Ursprung mit Dunkelheit. Wahrscheinlich aber fällt er in das fünfte Jahrhundert, da die meisten Nachrichten auf die Jahre 426, 436 und 438 sich vereinigen. Die Sage nennt uns einen Erph, der die Anlage an einen Furth der Gera machte um Vortheile davon zu ziehen, daher sie auch in den ältesten Urkunden unter dem Namen Erphesfort vorkommt.

Unter mehrern Muthmasungen bleibt diese immer am wahrscheinlichsten. Erph ist deshalb nicht gleich der Müller der gewöhnlichen Fabel, sondern Erph war ein Name in vielen dynastischen Familien und kommt auch in den damaligen Zeiten in der Familie von Beuchlingen, welche in den ältesten Zeiten einige vorzügliche Rechte in Erfurt besaß, öffters vor. Vielleicht legte also ein solcher Dynast Erph den ersten Grund.

S Addit. ad Lambert Schaffnab. v. J. 438. Sagittarii Antiq. regni Thuring. II. Kap. 2. §II.

§. 2.
Unter den Thüringischen Königen.

Unter den Königen von Thüringen erscheint Erfurt nicht als feste Stadt, sondern als ein Ort, wo Landbauer lebten. Die politischen Schicksale änderten sich mit denen von Thüringen, welches 489 den Franken zinsbar wurde. Auch Erfurt litte in den Kriegen zwischen den Franken und Thüringern, und kam endlich 531. bey dem Ende des Thüringischen Reichs auch unter Fränkische Hoheit. Hier wurde es zu dem Austrasischen Königreiche gerechnet, und stand unter den Herzogen von Thüringen und unter Grafen.

Gregor. Turron. III. 8. Aimoin de gestis Francorum II. 9.

§. 3.

§. 3.

Unter den Herzogen.

Die Unruhen welche zwischen den Herzogen von Thüringen und den Fränkisch Austrasischen Königen sich äusserten, so wie die Ueberfälle der Slaven hielten Erfurts Wohlstand von Zeit zu Zeit zurück.

§. 4.

Winfrieds Zeiten.

Winfrieds Ankunft in dieser Gegend verbreitet mehr Licht über Erfurts Geschichte; Er nennt sie eine Stadt, wo von Alters her heydnische Landbauer beysammen gewohnt; er stiftete daselbst ein Bisthum so kurz es auch gedauert und das Marienstift. Er bestellte den Adelarius, welcher in der Folge als ein Heiliger erscheint zum ersten Bischof; er wieß dem neuen Bisthume einige Güther an, und eine Erlegung von 12 Denarien von denen, die sich verheyratheten.

1. Guden. in des Iohannes Script. rer. Mogunt. p. 138. Serrarius III. in vita Scti Bonifacii III. 2. Epistolae Scti Bonifacii etc. notis et variantibus illustr. ab Alex. Würdtwein 1789. addit. ad Lamb. Schaffn. vom Jahr 752.

§. 5.

Kirchliche Verhältnisse zu Maynz.

Allein dieses Bisthum war von kurzer Dauer; die Schwierigkeit der Thüringer mit den Zehnden, und die Bemühung des Bonifacius Maynz zu vergrößern, sind wahrscheinlich die Hauptursachen. Erfurt wurde nun unter Maynz gezogen.

Diese kirchlichen Verhältnisse, nebst der in der Folge eintretenden zeitigen Stathalterschaft Wilhelms über Thüringen sind höchst wahrscheinlich die ersten Veranlassungen der politischen Verhältnisse zwischen Erfurt und Maynz.

§. 6.

Unter Karl dem Großen.

Karl der Große der sich in seiner Regierung durch so viel Wichtiges auszeichnet, wurde auch für Erfurt merkwürdig, durch ihn wurde Erfurt 805. ein Stapelstadt für die Kaufleute der Slaven und Avaren, und diente diesem Handel zur östlichen Grenze; er setzte einen besondern Handelsrichter und Aufseher Madalgaudus dahin; Baluze Capitul. Carol. M. d. a. 805.

Statistik.

§. 7.

Bevölkerung und Cultur.

Die Bevölkerung und Cultur der Gegend in den damaligen Zeiten gründete sich blos auf die natürliche Fruchtbarkeit, daher scheinen sich bald anfangs viele Landbauer daselbst eingefunden zu haben, theils hatte auch der Handelsgang zwischen den Sachsen, Franken, Slaven und Avaren die Bevölkerung wahrscheinlich befördert; indessen litte sie doch öfters durch die mehreren Unruhen und verwüstende Ueberfälle.

§. 8.

§. 8.
Handel.

Der Handel der Slaven und Avaren scheint sich bald anfangs in und durch diese Gegend gezogen zu haben, welche demselben vorzüglich Getreide lieferte, ausserdem ging auch der Slavische Handel mit Salz und Metal über Erfurt. Waffen und Harnische durften den Slavischen Völkern nicht zugeführt werden. Durch die Erhebung Erfurts zu einer Stapelstadt durch Karl den Großen erhielt es auch den Straßenzwang, welcher seinen Handel sehr beförderte.

§. 9.
Religions- und Kirchenverfassung.

Ungewiß ist es, ob das Christenthum durch die Gothische Prinzeßin Amelberg oder noch vorher in diese Gegend verbreitet worden; wenigstens fand Bonifaz das deutsche Heydenthum daselbst. Er predigte die christliche Religion, errichtete ein Bisthum zu Erfurt 742. so wie auch die Kirche zur Jungfrau Maria 752. oder 753. Ob aber der Fränkische König Dagobert schon 706. ein Peter Paulskloster zu Erfurt gestiftet, ist wegen einigen Verdachte gegen die Stiftungsurkunde, und den Bonifazischen Nachrichten nach sehr ungewiß. Das Bisthum ging bald wieder ein, und Erfurt wurde in allen geistlichen und kirchlichen Angelegenheiten selbst noch von Bonifazen der Mayzischen Kirche unterworfen.

§. 10.
Künste und Wissenschaften.

Ob gleich die Thüringern höchstwahrscheinlich Gothen waren, und diese unter den übrigen

A 4

deut-

deutſchen Nationen am aufgeklärteſten geweſen zu ſeyn ſcheinen, auch durch die Oſtgothiſche Amelberg einige Kenntniſſe dahin kamen, ſo fangen doch die eigentlichen wiſſenſchaftlichen Kenntniſſe erſt mit Errichtung der Klöſter und dem Chriſtenthume in dieſer Gegend an, zumal da Bonifaz aus Britannien kam. Die Fränkiſch Auſtraſiſchen Könige, und Karl der Große begünſtigten ſie überall, ſo wie auch der Handel zur Ausbreitung derſelben in dieſer Gegend beytrug.

§. II.
Politiſche Verfaſſung.

In den älteſten Zeiten war Erfurt blos ein offener Ort, welchen Landleute bewohnten, und gehörte zu dem Gau Südthüringen. Seit 489. war es als ein Thüringiſcher Ort, den Franken zinsbar und ſeit 531. ihnen unterwürfig, wo er unter Herzogen und den Grafen der Gau ſtand. In Handels- und Stapelangelegenheiten aber ſcheint es ſeit 805. des beſondern Schutzes der Könige eine Zeitlang genoſſen zu haben.

Zweyte Periode.
von dem Jahre 842. bis zum Jahre 1258.

Innhalt.

§. 12. Unter Ludwig dem Deutschen. §. 13. Unter Ludwig dem Jüngern. §. 14. Unter Heinrich I. §. 15. Unter Otto I. und Wilhelms Stathalterschaft. §. 16. Unter Heinrich II. und Conrad II. §. 17. Zehend-Streitigkeiten.. §. 18. Klosterveränderung. §. 19. Unter Heinrich IV. §. 20. Unter Ruthard. §. 21. Zehend-Streit unter Adelbert. § 22. Stathalterschaftsstreit. §. 23. Innerer Aufstand gegen Maynz. §. 24. Unter Friedrich I. §. 25. Graf von Buche Verdienste um Erfurt. §. 26. wichtiger Reichstag zu Erfurt. §. 27. Feuersbrunst. §. 28. Fehden zwischen Maynz und den Landgrafen von Thüringen. §. 29. Krieg zwischen Philipp und Otto. §. 30, 31. päbstliche Bann und Begünstigung Friedrichs. §. 32. Provinzial Concilium. §. 33. Verschiedene Rechtserwerbungen. §. 34. Gebiet, Cultur und Produkte. §. 35. Bevölkerung. §. 36. Handel. §. 37. Wissenschaften und Künste. §. 38. Wohlstand. §. 39. Kirchenverfassung. §. 40. Politische Verfassung.

Geschichte.

§. 12.
Unter Ludwig dem Deutschen.

Bey der 842. zu Verdün erfolgten bekannten Theilung des Fränkischen Reichs kam Erfurt mit

dem übrigen Thüringen unter die Hoheit Ludwigs des Deutschen, und schon hier zeigte sich der wohlthätige Einfluß des Handels und des Stapels, da es als eine ansehnliche Stadt erscheint, worin Ludwig der Deutsche 852. eine Reichsversammlung hielt, und auf solcher die Gebrechen des Gerichtswesens zu verbessern suchte.
Annales Fuld. ad an. 852.

§. 13.
Unter Ludwig dem Jüngern.

Nach Ludwigs des Deutschen Tode 876. kam Thüringen und also auch Erfurt an seinen Sohn Ludwig den Jüngern. Da aber die Herzoge von Thüringen und sonderlich aus dem Sächsischen Hause mächtig wurden, indem Heinrich, der Sohn Otto's, Thüringen mit bewaffneter Hand gegen den deutschen König Conrad I. behauptete, und zugleich alles wegnahm, was an Kirchengütern dem Erzstifte Maynz zustand, so kam dadurch Erfurt schon damals unter die völlige Gewalt der Herzoge von Thüringen.

§. 14.
Unter Heinrich I.

Als Heinrich I. auf den deutschen Thron gediehen, wurde Erfurt wegen den Streifereyen der Ungarn befestiget, und gewann wahrscheinlich auch durch die von Heinrich I. den Städten überhaupt ertheilte Vorrechte. Es wurden daher auch häufige sowohl geistliche als weltliche öffentliche und wichtige Verhandlungen zu Erfurt vorgenommen und namentlich 932. ein Synode daselbst gehalten.
f. Harduin Collectio Conc. T. VI. P. I. 573.
Falkenstein von dem 932. zu Erfurt gehaltnen Syno-

Synodo in den Analectis Nordgauiensibus P. IX. 248.

§. 15.
Unter Otto I.

Otto I. erhob seinen natürlichen Sohn Wilhelm zum Erbischof von Maynz und übertrug ihm eine Art von Stathalterschaft in Thüringen und Hessen. Vermöge diesen Stabthalterischen Verhältnissen machte Wilhelm, welcher ein weißer Fürst war, verschiedene Einrichtungen; Er suchte Adel nach Erfurt zu ziehen, um die Stabt in bessern Vertheibigungsstand zu setzen, worinn sie seit Heinrich I. etwas zurückgekommen.

Wittichind. Annal. III. Eo tempore (968.) Wilhelmus a patre commendatum regebat imperium, woraus deutlich erhellet, daß es keine Schenkung war. Historia Landgraviorum Thuringiae ad an. 961.

Falkenstein Thüringische Chronik. Buch 2. K. 4. S. 344.

§. 16.
Unter Heinrich II. und Conrad II.

Immer noch hatte der Tribut, den Thüringen unter den Franken gezahlt, unter den Königen der Deutschen fortgedauert. Allein Heinrich II. erließ Thüringen denselben, woran also auch wahrscheinlich Erfurt Theil nahm. Schon damals machte sich der Thüringische Graf Ludwig der Bärtige welcher sonderlich bey Conrad II. in besondern Gunst stand, und durch ihn und seine Vermählung mit der Gräfin Cäcilie ansehnliche Güther in Thüringen erhielt, um die Cultur der Erfurtischen Gegend sehr verdient.

§. 17.

§. 17.

Zehend-Streit.

Unter dem Sohne Ludwigs des Bärtigen, welcher gewöhnlich der Springer heißt, wurde Erfurt 1067. von neuem mit Mauern umgeben, auch Streit und Wachthürme darauf gesetzt, wodurch er sich um Erfurt verdient machte, daß es selbst dadurch im Wohlstande zunahm. Denn dem Schutze dieser Befestigungen vertraute sich die Synode, welche im Jahr 1073. und 1074. wegen des Zehendens und der darüber zwischen dem Stuhl zu Maynz und den Thüringern obwaltenden Streitigkeiten gehalten wurde; diese Synode aber endigte sehr unruhig und mit der Fluche des Erzbischofs Siegberts.

S. Lambert Aschaffenb. ad an. 1062. und 1073. von Gudenus Hist. Erf. in d. Iohannes Scriptoribus rerum Mogunt. p. 145. *)

§. 18.

Klosterveränderung.

In diesen Zeiten wurde zu Erfurt durch den Abt Wilhelm von Hirschau das St. Peterskloster, welches wahrscheinlich ehemals mit dem Paulskloster verbunden war, nachdem dieses in das Severinische umgeändert worden, als ein besonderes unter dem Namen des St. Peterskloster erneuert, und mit einer Colonie Benediktiner besetzt, deren Fleiß Erfurt wissenschaftliche Vortheile und mehrere Chronicisten gab, auch die Landescultur vermehrte.

So glaube ich wenigstens, lassen sich die widersprechenden Nachrichten von den Peters und Paulskloster bey Gudenus und Falkenstein am wahrscheinlichsten vereinigen.

§. 19.

§. 19.
Unter Heinrich IV.

Traurig waren Erfurts Schicksale in dem Kriege 1079. zwischen Heinrich IV. und dessen Gegenkönig Rudolf als Heinrich Erfurt eroberte. Die Stadt wurde durch Raub und Feuer verwüstet, und selbst die Kirchen nicht geschont, wobey auch das St. Severs und Petersklofter niederbrante.

S. Siegfriedus Presbyter ad a. 1079. Addit. ad Lamb. Schaffenb. ad an. 1078. S. 253, Gudenus ac. p. 145.

§. 20.
Ruthards Stiftungen.

Das zwölfte Jahrhundert eröffnete einem Erfurter von Geburt den Maynzischen Stuhl, unter dem Namen Ruthard 1104. Verdienste um seine Vaterstadt bemerkt die Geschichte von ihm nicht, außer daß er in der Person Burchards einen neuen Abt zu St. Peter bestellte, welcher das Kloster aus seiner Asche hervorrief, und die Kirche von Quadersteinen bauete. Er selbst aber stiftete die Kapelle zu St. Martin an einem Orte, welcher ihm ein angenehmer Spaziergang in seinem Exil gewesen, vereinigte sie aber bald darauf mit St. Peter.

Falkenstein II. 1029. Gudenus 146.

§. 21.
Zehenden Streit Adelberts.

Erzbischof Adelbert von Maynz erhob den Zehenden Streit von neuem; und um selbst ein Beyspiel zu geben, erlegte er von seinen eigenen Aeckern den Zehnden an die Kirche unsrer Lieben Frauen. Dennoch verwilligten die Landbesitzer denſelben nicht, es zogen ſich vielmehr an 20000 Landleute zuſammen und nöthigten Adelberten, daß er 1123. für ſich und ſeine Nachfolger auf den Zehenden Verzicht leiſten mußte. Es wurde hierauf der St. Seversberg befeſtiget, die daſelbſt befindlichen Benediktiner Nonnen in das auf einem Berge auſſer der Stadt angelegte St. Cyriaks-kloſter verſetzt, in das St. Severskloſter aber auf dem befeſtigten Berge Mönche eingeführt, welchen Adelbert Regeln gab, ſo wie er auch ihnen Freyzinſen von Kirchengüthern anwieß.

Guden. 146.
Hiſtoriſch juriſtiſche Abhandlung von den Freigüthern und Freyzinſen im Erfurtiſchen als Beytrag zum deutſchen Recht aus Urkunden von Ignaz Faber 1793. Erfurt 112 S. 4.

§. 22.

In dieſen Zeiten erhob K. Lothar im Jahre 1130. in der Perſon Ludwigs II. die bisherigen Grafen zu Landgrafen von Thüringen und Heſſen, welches auch in der Geſchichte von Erfurt ausgezeichnet zu werden verdient, indem die Landgrafen von Thüringen ihre bisherigen Gerechtſame nachdrücklich zu behaupten und als Landgrafen von Thüringen und Heſſen durch dieſe Würde noch mehr zu unterſtützen ſuchten.

§. 23.

Innerer Aufſtand.

Im Jahr 1142. litte die Ruhe und der Wohlſtand von Erfurt beträchtlich durch einen Aufſtand, welchen wahrſcheinlich der Kirchenzehenden veranlaßte. Mitten in der Stadt kam es zu blutigen Gefechten, und Flammen verwüſteten den

den Seversberg und das St. Petersklofter, wobey auch die Annalen ein Raub der Flamme wurden, welche unersetzlich waren, obgleich das St. Petersklofter in 5 Jahren wieder hergestellt ward.

Chronicon San Petrinum im Jahr 1142. Falkenstein II. 1030.

§. 24.
Unter Friedrich I.

In den Streitigkeiten zwischen Friedrich I. und dem Römischen Stuhle war Erfurt zwar auf Seiten des letztern; dennoch konnte es dieser nicht schützen, daß es nicht der Landgraf, welcher es mit dem Kaiser hielt, belagerte; Ludwig nöthigte vielmehr 1165. Erfurt zur Uebergabe, und zerstöhrte die Mauern, welche kurz vorher gebessert worden.

§. 25.
Graf von Buche Verdienste.

Indessen war Christian Graf von Buche ein Thüringer von Geburt und bisheriger Kanzler des Kaisers auf den Stuhl zu Maynz gelanget. Da dieser ein Freund des Kaisers, und also auch mehr auf seiner Seite war, so suchte er aus Vaterlandsliebe für Thüringen auch für Erfurt eine Vorsprache bey dem Kaiser einzulegen, welches auch bewirkte, daß die Mauern von Erfurt, in kurzem wieder hergestellt wurden.

§. 26.
Wichtiger Reichstag zu Erfurt.

Durch diese Begnadigung und durch den berühmten Reichstag, welchen Friedrich 1176. zu

Er-

Erfurt hielt, wurde das Anbenken an iene Kriegs-
übel bald verdrängt. Hier war es wo man über
das Schicksal Italiens und Palästinens rath-
schlagete, wo Heinrich der Löwe in die Acht erklärt
und Landgraf Ludwig in der Kirche unserer Lieben
Frauen von ihm feyerlich zum Ritter geschlagen
wurde. Bald darauf 1172 wurde Erfurt, welches bisher nur die einzige Parochie B. M. V. besaß, in mehrere Parochien vertheilt.
s. Guden. p. 149.

§. 27.
Feuersbrunst.

Diesen glänzenden Auftritten aber folgte die
verheerende Flamme auf dem Fuße nach, indem
ein ansehnlicher Theil der Stadt, von der Krä-
mer Brücke bis an das Schottenkloster von dem
Blitze verzehret wurden; durch ein anderes Feuer
aber das St. Peterskloster nebst dem Severstem-
pel daraufging; von dem letztern schob man die
Schuld auf die Soldaten Friedrichs I. welche wegen des Bannes den Geistlichen sehr aufsäßig
waren.

§. 28.
Fehde zwischen Maynz und den Landgrafen von Thüringen.

Hierzu kamen noch äussere Unruhen, welche
sich Erfurt theils selbst zuzog, indem es den Ver-
hetzungen einiger Thüringischer Grafen gegen den
Landgrafen Gehör gab, theils aber durch die Feindseligkeiten zwischen Maynz und namentlich den
Erzbischöffen Christian und Conrad gegen die Landgrafen Ludwig und Herrmann. König Friedrich
I. suchte nun zwar durch eine persönliche Entscheidung

dung zu St. Peter 1184. dieselbe zu schlichten, wobey er durch den Einsturz des Zimmers, welches über einem Cloak war, in Lebensgefahr kam, allein sie hoben 1185. von neuen an, und dauerten bis 1192. wo sie nach einer für Maynz unglücklicher Schlacht beendiget wurden.

§. 29.
Krieg zwischen Philipp und Otto.

Auch in die Streitigkeiten welche zwischen Philipp und Otto den zwey Gegenkönigen im Jahr 1200 vorfielen, ward Erfurt verwickelt. Philipp zog sich nach Erfurt und verwüstete von da aus Thüringen. Landgraf Herrmann von Thüringen, welcher dem König Otto anhing, und von dem König Ottokar von Böhmen mit 12000 Mann unterstützt wurde, belagerte Erfurt; Philipp aber entfloh verkleidet, sammelte ein Heer und entsetzte Erfurt, worauf es 1204 zwischen ihm und dem Landgrafen zum Frieden kam.

§. 30.
Päbstlicher Bann gegen Otto.

Von neuem wurde Erfurt 1210. der Schauplatz des Krieges als Erzbischof Siegfried den päbstlichen Bann gegen König Otto befolgen wollte; und Otto sich nach Erfurt zog, und von da aus ihn angriff. Und obschon unter Friedrich II die Ruhe wieder hergestellt wurde, so zerfiel doch Siegfried mit Landgraf Ludwig VI. welcher die Maynzischen Kirchländereyen um Erfurt her, verheerte. Die Feindseeligkeiten wurden durch den Frieden zu Fulda 1222. beygelegt, und Landgraf Ludewig besuchte Erfurt, wo er prächtig bewirthet wurde. Er bewirkte zugleich daß die

B Fran-

Franziscaner Minoriten, welche bisher in der Vorstadt gelebt in die Stadt selbst aufgenommen wurden; so wie 1231. durch den Graf von Hohenstein die Dominikaner Prediger Mönche nach Erfurt kommen.

Falkenstein. Thüring. Chronik II. 1115. und 1122.

§. 31.

Begünstigungen Friedrichs.

Erfurt, das sich immer mehr und mehr fühlte, widersetzte sich als man von Seiten des Pabstes, einen Beytrag wegen des Sarazenen Kriegs verlangte; schlug sich auch deshalb bey den Streitigkeiten zwischen König Friedrich dem II. und dem Pabste auf die Seite des Erstern, und gehörte also zu den Gibellinen. Friedrich belohnte auch ihre Treue durch die nach damaliger Sitte gewöhnliche Bestätigung ihrer Rechte, und daß er sie seines besondern Schutzes versicherte, dafür aber gerieth sie auch mit dem Kaiser in den Bann, welches Erzbischof Siegfried III. welcher sich auf das geistliche Finanzwesen gut verstand, für sich benutzte, und sich nunmehr für die ihnen gelassenen Glocken, welche er wegen des Bannes erst wegnehmen wollte, und für die Wiederaufnahme in die Gemeinschaft der Kirche, die obigen Sarazenenbeyträge erlegen ließ.

§. 32.

Provincialkoncilium.

In der Kirchenpolizeygeschichte erscheint 1233 Erfurt, indem nur bemerkter Siegfried daselbst ein Provincialkoncilium wegen der verdorbenen Sit-

Sitten der Geistlichkeit und dem Gottesdienste hielt; die Versammlung geschahe auf dem Petersberge zu Erfurt; wiewohl ihm die Geistlichkeit wieder den Vorwurf machte, daß er sie zu sehr besteure, welches er auch 1235. besonders bey der zu Erfurt that.
von Guden. S. 155.

§. 33.
Verschiedene Rechtserwerbungen.

Die Wachsamkeit Erfurts auf Vermehrung seiner Gerechtsame, welche wir bisher immer thätig fanden, benutzte die heftigen Streitigkeiten zwischen den Landgrafen von Thüringen und den Grafen von Gleichen, und brachte von den letztern 1235. das demselben zustehende Oeffnungsrecht des Löwenthores für einige Malter Münze an sich. Allein verwüstende Flammen zu verhüten scheint ihr doch nicht möglich gewesen zu seyn, indem 1236. in einer Mühle in der Nähe der Augustiner Nonnen das Feuer ausbrach, und alles, was ihm entgegen stand, verwüstete, wobey die St. Wiprechts und Bartholomäus Kirche, das Kloster der Franziscaner und der weißen Frauen auch alles andere bis an das Krempferische Thor ein Raub der Flammen wurde.

Statistik.

§. 34.
Gebiet, Cultur und Produkte.

Das damalige Gebiet von Erfurt ging wahrscheinlich nicht weiter, als die Besitzungen der Bürger, und geistlichen Stiftungen. Wilhelm beförderte die Cultur beträchtlich durch Lehensverleihung, und der Landgraf von Thüringen durch Ausrottung von Wäldern und Holzungen und Beurbarung derselben, wozu auch die Benediktiner, welche nach Erfurt kamen, vieles beytrugen, deren Fleiß in der Landeskultur bekannt ist. Der Getreidebau war damals schon beträchtlich, welches sich aus den vielen Bemühungen von Maynz um den Zehnden schließen läßt. Vorzüglich wurde auch Waid und Safflor schon erbaut.

§. 35.
Bevölkerung.

Aus der beträchtlichen Cultur der Gegend läßt sich auf eine verhältnißmäßige Bevölkerung schließen, allein es bezeugen sie auch die zahlreiche Menschenmenge, welche wir in der Nähe von Erfurt bey den Zehenden Unruhen und bey verschiedenen Vorfällen bemerken, so wie auch die Nothwendigkeit die Parochien zu vermehren.
s. oben §. §. 21, 23, 26.

§. 36.
Handel.

Die Befestigung von Erfurt welche dem Handel mehr Sicherheit gab, mußte ihn daselbst nothwendig vermehren. Wir finden auch schon damals viel Juden zu Erfurt, welche sich gewöhnlich nach dem Handel zogen. Wegen des Stapels waren viele Niederlagen und Speditionen zu Erfurt, daher sich auch viele Fremde und vorzüglich Niederländer und Friesen daselbst aufhielten, welche sich mit den Erfurtern 1221. gegen die Juden

den einigemal empörten und viele von ihnen tödteten. Erfurt stand auch mit der 1241. entstandenen Hansa in starken Handelsverbindungen, und der Handelszug ging von Nürnberg über Erfurt nach den Seestädten, und eben so rückwärts. Der Hauptsitz des Waidhandels war schon damals zu Erfurt, so wie es auch stark mit Safflor handelte, und da die Tuchmacher und Lohgerber die vornehmsten Zünfte ausmachten, so hatte Erfurt wahrscheinlich auch hierinnen einen starken Handel.

S. von Dalberg Beyträge zur Geschichte des Erfurter Handels. S. 11 — 18.

§. 37.
Wissenschaften und Künste.

Die wissenschaftlichen Kenntnisse mehrten sich nach Masgabe der damaligen Zeiten mit den geistlichen Stiftungen, vorzüglich aber auch durch die Benediktiner. Daher finden wir schon damals in dem St. Petersklofter und sonst Annalen, welche 1142. ein Raub der Flamme wurden. Auch zeigen einige öffentliche Baue und Verschönerungen von Kunstkenntnissen wohin die springenden Wasser, Orgeln, u. s. w. gehören.

§. 38.
Wohlstand.

Durch die bemerkte Cultur und vorzüglich durch den Handel erhielt Erfurt einen merklichen Grad von Wohlstand, welchen wir sonderlich bey den öffentlichen Bauen und den Kirchen und Stiftungen bemerken. So finden wir 1113. Springwasser und Wasserleitungen in bleyernen Röhren, die Marien und St. Peterskirche erhielt 1225

1225 und 1226. Orgeln. Auch bemerkt man in der Aufnahme und Bewirthung des Kaisers und des Landgrafen von Thüringen Pracht und Wohlstand.

§. 39.
Kirchenverfassung.

Die Kirchenverfassung finden wir in dieser Periode ausgebreiteter. Wir bemerken das St. Paulskloster, welches seit Otgarn den Namen des Seversklosters erhielt, das Schottenkloster seit 1136. das St. Peterskloster seit 1075. die St. Augustinerkirche seit 1131. die Kirche St. Laurentii seit 1140. einen infulirten Abt zu St. Peter 1194. das Kloster Neuwerk seit 1198. für Augustiner Nonnen; die Franziskaner Minoriten die seit 1223. aus der Vorstadt in die Stadt kamen, und in eben dem Jahre die Augustiner, seit 1231. die Dominikaner, den Jakobstempel und das deutsche Ordenshaus seit 1241. Ausserdem erhielt die Stadt von Zeit zu Zeit mehrere von dem Adel gestiftete Kapellen und seit 1172. wurde sie in mehrere Parochien vertheilt, da bisher nur eine einzige war. Sie war der Sitz eines Archidiakonats*), welches mit seinem ganzen Bezirk in kirchlichen Sachen unter Maynz stand; auch sorgte die Kirchenpolizey schon für die Sittenverbesserung der Geistlichkeit. S. §. 32.

Wegen den verschiedenen Klöster und Kirchen s. die vorigen §. §. der Geschichte.

§. 40.
Politische Verfassung.

Die politischen Verhältnisse Erfurts waren zuweilen in dieser Periode etwas unruhig. Maynz suchte

---

*) S. Würdtwein Dioecesis Moguntina in Archidiaconatus distincta T. I. 1779. in der Einleitung.

suchte als geistlicher Oberherr auch allmählig weltliche Gerechtsame gültig zu machen, wozu die Wilhelminische Statthalterschaft Gelegenheit gegeben. Die Landgrafen von Thüringen hingegen behaupten ihre Gerechtsame ebenfalls nachdrücklich. Maynz forderte die Oberlehnsherrlichkeit des Voigtgedings und beliehe damit die Grafen von Gleichen, von denen es aber endlich an den Stadtrath selbst kam, ein wichtiger Schritt zur Vergrösserung der Rechte des Senats.

f. Lünigs Reichsarchiv Pars spec. Cont. IV. Theil 2. S. 358. und 426. Falkenstein Erf. Ges. S. 92.

Dritte Periode.

Von Errichtung des Stadtraths bis zur Volksregierung, also von 1255. bis 1310.

Innhalt.

§. 41. Rath der zwölf Männer. §. 42. Sicherheitsanstalten. §. 43. Aufhebung der Fleischer und Beckergilden. §. 44. Fehden und Pest. §. 45. Statuten gegen die Geistlichen. §. 46. Friedensgericht zu Erfurt. §. 47. Concordata Gerhardi. §. 48. Erwerbung mehrerer Rechte. §. 49. Streit wegen der Heerdgelder. §. 50. Feuersbrunst. §. 51. Fehden. §. 52. Vortheile von Albrechten. §. 53. 54. Gebiet, Cultur, Produkte. §. 55. Bevölkerung. §. 56. Gewerbe und Handel. §. 57. Künste und Wissenschaften. §. 58. Wohlstand. §. 59. Charakter, Religions und Kirchenverfassung. §. 61. Politische Verfassung.

Geschichte.

§. 41.
Rath der zwölf Männer.

Die Veränderung in dem Stadtregimente macht mit Recht den Anfang in diesem Zeitpunkte der Geschichte von Erfurt. Bisher hatten Voigte, Schuldheissen und Marktmeister die Gerichtsbarkeit und Polizey versehen, wobey nach Masgabe der deutschen Gerichtsverfassung auch gewöhnlich Bürger der Stadt als Schöppen waren, welche den Namen der Oberbürger deshalb führten. Allein jetzt wurde der Rath von zwölf Männern aus Bürgern errichtet, welchen zwey Aelteste vorstanden, die in der Folge den Namen der Rathsmeister erhielten. Diese besorgten das Stadtregiment und die Polizey. Hier wurde auch ein ordentliches Stadtsiegel festgesetzt.

s. Galetti Geschichte von Thüringen III. 163.
Analecta Cishenana S. 65.

§. 42.
Sicherheitsanstalten.

Diese Einrichtung belebte die eigene Thätigkeit Erfurts, und bewirkte daß es seine innere Stärke mehr brauchen konnte. Es beförderte daher in den unruhigen Zeiten des so genannten Zwischenreichs die Sicherheit um sich her nachdrücklich, und nutzte dadurch seinen eigenen und dem ganzen Thüringischen Handel. Es zerstöhrte viele Raubschlösser des Adels in Thüringen, und erwarb sich dadurch den ehrenvollen Namen der Friedensstadt.

§. 43

§. 43.

Aufhebung der Fleischer- und Beckergilden.

Auch lenkte es seinen Blick auf die innere Polizey, und suchte 1264. durch Aufhebung der Fleischer- und Beckergilden die Lebensbedürfnisse wohlfeiler und die Stadt von diesen Innungen weniger abhängig zu machen; dagegen versprach die Stadt alles, was bisher diese Innungen geleistet, zu übernehmen.

§. 44.

Fehden und Pest.

Bald aber weckte der eifersüchtige und unruhige Adel umher die Friedensstadt von neuen zu ihrer Wachsamkeit, indem er aus Eifersucht ihren Handel beunruhigte sich vor die Straßen legte und die Zufuhr abschnitt, auch ihren Handel sperrete. Hierzu kam noch, daß 1272. Erfurt durch eine Pest 2160. Menschen verlor, und durch diese Sperrungen Theuerung entstand. In dieser Noth wendete sie sich an den Landgraf von Thüringen und den Erzbischof Werner, und verband sich mit den Grafen von Gleichen.

Falkenstein Historie von Erfurt S. 111.

§. 45.

Statuten gegen die Geistlichen.

Neue Uneinigkeiten entzweyeten Maynz und Erfurt, wobey Maynz immer den Bann in Bereitschaft hatte. Der Senat um sich an Maynz und der Geistlichkeit zu rächen, machte 1280. ein Statut worinnen der Geistlichkeit die Erwerbung von Immobilien durch Schenkung und andere Art, bey Strafe des Verfalles untersagt wurde. Diese

beschwer-

beschwerten sich bey dem Erzbischoffe als er zu Erfurt war, der es auch als eine Beleidigung seiner geistlichen Rechte ansahe, und der Stadt 1282. eine Kirchenstrafe von 1000 Mark Silbers auferlegte; auch seine Gerechtsame hierinn von ihm anerkennen ließ. Bey allen diesen vergrößerte die Stadt doch ihre Besitzungen 1286. durch Ankauf der Grafschaft Wisselbach und des Hauses bey St. Bartholomei *) nebst dem Patronat über diese Kirche für 550 Mark. Auch wurde 1285. des Augustiner Nonnenkloster aus seiner Asche wieder erbauet und Neuwerk genennet, so wie die daran flossende Gegend den Namen Neustadt erhielt.

§. 46.

Friedensgericht zu Erfurt.

Bey dem eintretenden Schisma zu Maynz suchte Erfurt Privilegien zu gewinnen, welche ihm auch Heinrich zugestand. Es wurde auch zu Erfurt ein Friedensgericht niedergesetzt, welches aus einem Vize Capitain und 12 Beysitzern bestand, und ein eigenes Siegel hatte. Erfurt selbst aber stöhrte diesen Frieden durch eine Empörung, indem sich das Volk gegen den Magistrat setzte, die Friedensstöhrer streiften selbst außerhalb der Stadt umher, bis König Rudolf Ruhe stiftete, acht der ersten Rathsherrn enthaupten, ihre Köpfe aufnageln, und den Rumpf begraben ließ; die Stadt selbst aber mußte 800 Mark Silber als Strafe erlegen.

§. 47.

Concordata Gerhardi.

Der Erzbischof Gerhard suchte zugleich die
beständ-

---

*) Diese Curie aber wurde bald wieder verduset. Falkenstein Historie von Erfurt 112. und 117.

beständigen Streitigkeiten zwischen ihm und der Stadt Erfurt uec. wechselseitige Gerechtsame völlig beyzulegen, wodurch die Concordata Gerhardi entstanden, welche aber eigentlich mehr auf Zusicherung seiner gemachten Ansprüche hinausgingen. Guden. 162. Falkenstein 127. und 135.

§. 48.
Erwerbung mehrerer Rechte.

Unter friedlichen Gesinnungen erschien Rudolf wieder in Erfurt, welches ihm wegen seiner Schönheit gefiel, und Feyerlichkeiten von Vermählungen und Ritterschlag treten an die Stelle der Blutgerüste. Auch zerstöhrte damals Rudolf in Gesellschaft der Erfurter an 60 Raubschlösser.

§. 49.
Streit wegen des Heerdgeldes.

Stolz auf die Gunst des Königs Adolfs von Nassau, welcher Erfurt 1292. seine Gerechtsame bestätigte, suchte der Senat dieselben immer zu vergrößern, und fing an von den Bürgern ein Heerdgeld zu erheben. Der Erzbischof Gerhard wollte die Geistlichkeit ausgenommen wissen, allein als der Senat auch diese dazu zog, ließ Gerhard Kirchenstrafen gegen den Senat und die Stadt ergehen, welche 5 Jahre dauerten bis 1299. K. Albrecht auf einem Convent zu Fulda die Sache schlichtete, wo das Marienstift, welches es mit dem Senate gehalten 300 Mark Silbers, die Stadt selbst aber 1500 Mark erlegen mußte.

§. 50.
Feuersbrunst.

Bey dem Schlusse des Jahrhunderts verwüsteten

steten öftere Flammen die Stadt. Ein Blitzstral zündete am Pfingstfeste in der Kirche aller Heiligen 1290. und zerstöhrte sie. Im Herbst brannten bey dem St Johannisthor 100 Häuser nieder, und 1292. wurde die Krämerbrücke zugleich mit dem St. Aegidi Tempel in die Asche gelegt. 1296. entstand Feuer auf dem Rübenmarkte, und die ganze Pergamentgasse brannte nieder; zwey Jahr darnach wüthete die Flamme von neuen von dem Berge an bis zu dem Pansterern. Kein Wunder ist es, denn die mehresten Häuser waren damals noch von Holz in Erfurt.
Guden. 163.

§. 51.
Fehden.

Auf diese Unglücksfälle folgen im J. 1300. bis 1304. Fehden welche Erfurt mit dem räuberischen Adel umher erhielt; am ernstlichsten wurde die Sache mit dem Grafen von Kirchberg, weshalb auch Erfurt mit den Städten Mühlhausen und Nordhausen in ein Bündniß trat, und die Festen Winterberg und Kirchberg schleifte Greifenberg aber erst 1314. den Grafen wieder gaben.

§. 52.
Vortheile von Landgraf Albrechten.

Außerdem nahm Erfurt auch an den Feindseligkeiten Theil, welche zwischen dem Landgraf Albrecht und seinem Sohne Friedrich herrschten; es trat auf Albrechts Seite, von dem es Ringleben, Hausleben und Sömmerda erhielt. Albrecht floh nach Erfurt, und trat mehrere benachbarte Dörfer die auf den Bergen nach Gotha zu liegen, an die Stadt ab. Friedrich forderte sie zurück,

schnitt

schnitt der Stadt die Zufuhre ab, und verband sich mit den Grafen von Weymar und von Orlamünde, wobey die Stadt welche Friedrich belagerte, vieles litte, indem er die Canäle welche das Wasser auf den Petersberg führten und im Brühle alles verwüstete, nach 15 Tagen aber die Belagerung aufhob.
Guden. 165.

Statistik.

§. 53.
Gebiet, Cultur und Produkte.

Das Gebiet von Erfurt erweitert sich in dieser Periode merklich durch den Ankauf der beträchtlichen Grafschaft Wisselbach von Hermann von Husingrode 1286. für 3000 Mark Silber, ingleichen der Curie zu St. Bartholomei welche sie aber wieder veräußerte, wie auch die Dörfer Ringleben, Hausleben und Sömmerda und andere nach Gotha zu gelegene Orte.
Guden. p. 160.

§. 54.

Der Wein und Obstbau findet sich schon damals, Waid, Safflor und Getraide, ob es letzteres gleich nicht hinreichend für sich bauete, da die Sperrung der Gegend von Feinden leicht Hunger bewirkt, wiewohl auch zuweilen Beyspiele sehr mäßiger Preiße vorkommen. Z. B. 1268. und 1280. s. Galetti Gesch. von Thüring. III. 172.

§. 55.
Bevölkerung.

Bey dem Flore der Cultur und des Handels mußte

mußte nothwendig die Bevölkerung steigen, und wir sehen es an der beträchtlichen Anzahl Menschen welche in dieser Periode, und wenige Jahre nachher an der Pest starben, ohne daß sich eine merkliche Entvölkerung findet, vielmehr erscheint Erfurt immer mit ansehnlicher Mannschaft bey Fehden; vorzüglich erhellet sie auch aus der Stärke des Becker- und Fleischerhandwerks, welche für die nöthigsten Bedürfnisse arbeiten, und welche der Senat selbst für zu mächtig hielt. s. §. 43.

§. 56.

Gewerbe und Handel.

Durch die vorzügliche Sicherheit welche Erfurt dem Handel durch Bündnisse zum Behuf des Landfriedens leistete, und durch Zerstöhrung der Raubschlösser beförderte es denselben sehr. Man sieht dieses auch aus der großen Anzahl Juden, welche sich daselbst aufhielten, so daß sie einen eigenen Theil der Stadt bewohnten und zwey Synagogen und ein Synedrium hatten*), auch mittels eines Schutzbriefes wofür sie jährlich 100 Mark Silbers erlegen mußten, vorzüglichen Schutz genossen. Von dem Flore der Gewerbe zeugt unter andern vorzüglich, daß man sie häufig beysammen antrifft, so wird ein Platz oder Gasse der Pergamentmacher und der Pansterer bemerkt. Galetti Geschichte von Thüringen III. 171. und 172.

Falken-

---

*) Herr Professor Bellermann hat kürzlich drey und zwanzig hebräische Inschriften auf ehemaligen Judenbegräbnissen zu Erfurt gefunden und solche mit Erläuterungen der Societät vorgelegt, sie fallen in die Jahre 1247—1382; die meisten aber in die Zeit von 1260—1295. In einer vom Jahre 1285. findet sich ein Präsident des Synedriums Serach s. Erfurter gel. Zeit. 1793. St. 58.

Falkenstein Historie von Erfurt 107 und 126.

§. 57.
Künste und Wissenschaften.

Immer noch waren sie das Eigenthum der Klöster; indessen bemerkt man doch öfters richtige Grundsätze, wohin ich z. B. das Statut des Senats wegen Güther und Mobilien Erwerbung der Geistlichkeit rechne, welches Einsichten in die Verhältnisse der Kirche zum Staate erweißt. Wahrscheinlich verbreitete sich der damalige Flor der Dichtkunst in Thüringen auch nach Erfurt, so wie auch mehrere Zeitbücher und Handschriften Beweise über die wissenschaftlichen Bemühungen der damaligen Zeiten geben.

§. 58.
Wohlstand.

Der Wohlstand Erfurts war damals schon so weit fest und begründet, und zu einem so merklichen Grade erhoben, daß mehrere Unglücksfälle und beträchtliche Geldstrafen ihn nicht zu Grunde richten konnten, selbst die ansehnlichen Summen, welche Maynz und der Kaiser immer bey den Strafen fest setzten und die welche sie für Erwerbung an Güther dennoch verwenden konnten, so wie der damals schon merkliche Aufwand beweisen dieses, ingleichen das Wohlgefallen, welches Rudolf an Erfurts Schönheit hatte.

§. 59.
Charakter, Religions- und Kirchenverfassung

Die Begleitung des Wohlstandes war Luxe
Wan-

Wankelmuth, Hang zur Uebermüthigkeit, Unruhen und Aufruhr, welches schon in dieser Periode merklich wird.

In der eigentlichen Religion und Kirchenverfassung gingen keine so beträchtlichen Veränderungen vor, außer daß einige Kirchen, nehmlich St. Johannis und St. Aegydi entstanden, und das Augustiner Nonnenkloster 1285. unter dem Namen Neuwerk wieder erbauet wurde.

§. 60.
Politische Verfassung.

Das Wichtige für Erfurt in dieser Periode ist die Regimentsveränderung in der Stadt; indem hier ein ordentliches Stadtregiment errichtet wurde, welches im §. 41. bemerkt ist, welches aus den sogenannten Zwölfmännern und zwey Aeltesten bestand, welche nachher den Namen Rathsmeister bekamen, und das Regiment der Stadt und die Polizey zu besorgen hatte. Verschiedene Streitigkeiten welche Erfurt mit Maynz hatte, wurden durch Verträge beygelegt, wohin die Concordata Gerhardi gehen. Auch findet man schon in dieser Periode, daß Erfurt wegen des Handels und seiner Beförderung nach den Gewohnheiten der damaligen Zeiten eine Münze hatte, und auch aus eben dem Grunde zu dem Besitz des Judenschutzes zu gelangen wußte.

Vierte Periode.
Von des Volkregierungsanfange 1310. bis zum Immerbacher Vertrage 1483.

Geschichte.

§. 61.
Viertelsmeister.

Kaum hatte Erfurt wieder frey geathmet, so veranlaßte der Uebermuth der Patricier und die Mishandlungen der Bürger furchtbare innere Unruhen, so daß der patricische Senat die erworbenen Rechte nicht lange allein besaß. Das Volk versammelte sich 1310. am Tage der Rathswahl; die erwehlenden Patricier waren schon beysammen, als das Volk das Stadthaus umringte, und keinen neuen Rath ausrufen, noch Jemanden herunterlassen wollte, bis sie einige Personen aus dem Volke zu den Berathschlagungen zuließen. Man vereinigte sich endlich dahin, daß das Volk vier Viertelsmeister wählte, welche an der Thür des Rathssaals sitzen, und die Handlungen und Schlüsse des Senats beobachten, auch intercediren, aber nicht entscheiden sollten.

§. 62.
Beschwerden des Volkes.

Sogleich ließ nun das Volk seine Beschwerden durch sie anbringen, worinne es mehrere Gleichheit der Abgaben, öffentliche Vertheilung der Beute auf dem Markte, Verhandlung der Geschäfte im vollen Rathe, und ungehinderte und augenblickliche Zulassung der Viertelsmeister als Volks-

Volksſprecher verlangte. Hierdurch verloren die Patricier immer mehr, bis endlich 1322 die Viertelsmeiſter ſelbſt in den Rath mit aufgenommen werden mußten.

§. 63.
Streitigkeiten mit dem Landgrafen Friedrich.

Kaum waren dieſe innern Unruhen beygelegt, ſo fingen 1311. neue mit dem Landgraf Friedrich an, welcher Erfurt die Zufuhre ſperrete, und es ganz einſchloß, auch die Aecker und Weingärten umher verwüſtete, ſo daß große Theurung erfolgte; allein durch ein Bündniß mit den Mühl- und Nordhäuſern und den Aebten von Fulda und Hirſchfeld, wie auch durch Unterſtützung Kaiſer Heinrichs, des Landgrafen von Heſſen und des Erzbiſchoffs von Maynz machte es ſich frey, auch kam die Gefangenſchaft Landgraf Friedrichs in der Fehde mit Woldemarn von Brandenburg der Stadt Erfurt zu ſtatten. Als aber Friedrich aus der Gefangenſchaft bald drauf entfloh, ſo nöthigte er die Bundesgenoſſen von Erfurt abzulaſſen und ging auf Erfurt los. Er nöthigte Erfurt zur Ruhe, ließ ihnen aber gegen Erlegung einer Summe Geldes die Dörfer Ringleben, Hansleben und Sömmerda, beſtätigte die Schenkungen und den geſchehenen Kauf und überließ ihnen noch Mittelhauſen und Riethnordhauſen, unter dem Namen der Grafſchaft an der ſchmalen Gera 1315. wiederkäuflich für 300 Mark Silbers.

§. 64.
Theurung und Hungersnoth.

Die Gefährten dieſer Fehde Theurung und Hungersnoth welche noch auſſerdem durch Mäuſefraß sestras vermehrt wurden, richteten große Verwüstungen in Erfurt an, so daß 1316 allein an 7985. Menschen Hungers starben, zusammen aber 12785 Menschen hingerafft wurden, indem zugleich auch pestartige Krankheiten 1318. wütheten. Zum Andenken an jene Theurung werden itzt noch, am Feste St. Marci besondere kleine Brode gebacken. Chronica Thur. v. J. 1318. Guden. 170. Falkenstein 109. und 177.

§. 65.

Erweiterungen und Verschönerungen.

Aber Thätigkeit und Handel ersetzte bald den Schaden wieder, so daß Erfurt seine Besitzungen erweiterte, und sich selbst verschönerte. Das Marianische Capitel zu Erfurt kaufte von den Grafen zu Beichlingen Großrudelstadt für 160 Mark Silbers mit der Schutzgerechtigkeit und allen Rechten 1322. Es wurden in Erfurt mehrere Gebäude erneuert, welche veraltet waren, und der Erzbischof Mathias erbauete 1325. die Krämerbrücke von Stein.
Guden. 171. aus Urkunden.

§. 66.

Betragen gegen den Landgrafen von Thüringen.

Seitdem hielten die Erfurter sich immer mehr an dem Landgrafen von Thüringen, um sich gegen Maynz wichtiger zu machen. Sie benutzten das Schisma zu Maynz zwischen Balduin und Heinrich zu ihrem Vortheile, und traten mehr auf die Seite des schwächern Heinrichs. Balduin aber trug hierauf Landgraf Friedrich dem Strengen die Entscheidung auf, welcher gegen Erfurt entschied;

der

der Landgraf lud sie nach Mittelhausen, wo sie den Landgrafen bewafnet überfielen. Die Fehde ging nun sehr ernsthaft an, und beyde Theile suchten sich Bundesgenossen, Friedrich aber siegte; hier kam es sonderlich durch Vorsprache der Landgräfin zum Frieden, worinnen die Erfurter 1000. Mark Silbers erlegen mußten, wogegen auch ihre Privilegien 1337. abermals bestätiget und erneuert wurden.

Guden. 171. und 172. ingl. kurzgefaßte Nachrichten 2c.

§. 67.
Nähere Verbindung mit demselben.

Erfurt hielt sich hierauf immer näher an dem Landgraf Friedrich zu Behauptung des Landfriedens in Thüringen 1338 zu seinem eigenen Besten wegen des Handels. Es stand ihm auch selbst in verschiedenen Fehden bey, worunter die gegen den Grafen von Weymar die vorzüglichste ist, und worinne die Erfurter vom Landgraf das Dorf Zimmern bekamen; sie trugen viel zur Erhaltung des Landfriedens bey, und zerstöhrten daher 1345. das Raubnest Ehrichsberg, fingen viel räuberischen Adel und richteten sie hin.

§. 68.
Politik gegen Maynz.

Indessen vergaßen die Erfurter auch Maynz nicht, wenn es auf Vortheile ankam. Sie traten in dem Streite zwischen Heinrich und Gerlach auf die Seite des erstern, welcher theils deshalb, theils auch um zu verhüten, daß Erfurt den Landgrafen von Thüringen in dem Streite über Salze, durch nachdrücklichen Beystand nicht noch mächtiger

ger mache, der Stadt Erfurt das Amt Kaplendorf schenkte.
Guden. 174.

§. 69.
Erdbeben, Mord und Brand.

Indem Erfurt so auf seine Vergrößerung und politische Macht bedacht war, erschütterte ein Erdbeben die Stadt (1347) und zwey Jahre nachher (1349) raffte die Pest an 12000 Menschen abermals dahin. Demungeachtet erhob der Neid und der Geist der Unruhe zu Erfurt 1349. eine Verfolgung der Juden, welche man der Brunnenvergiftung beschuldigte; Mord und Brand tobten, und verzehrten abermals an 6000 Menschen zu Erfurt.

§. 70.
Erwerbung vieler Freyheiten.

Bey dem folgenden Schisma zu Maynz hielt das kluge Erfurt es mit dem Erzbischof Gerlach; hierdurch erhielt die Stadt viele Vortheile; ja das Ansehen des Stuhls zu Maynz litte dadurch in Bezug auf Erfurt.

§. 71.
Steigende Macht von Erfurt.

Erfurt stieg immer mehr durch Handlung in seinem Wohlstande und Reichthum welches sich theils durch die prächtigen Baue, und durch käufliche Erwerbung des Münzrechts von neuen, bestätigt. Ja es stand in solchem Ansehen, daß Erzbischof Gerlach selbst 1355. auf 5 Jahre lang eine Vertrag schloß, daß Erfurt ihm 80 geharnischte Män-

Männer überließ, Carl IV. ihnen ihre sämmtlichen Privilegien und vorzüglich auch die Gütererwerbungen bestätigte, und der Stadt sogar zwey Dörfer Atzmannsdorf und Stobra schenkte. Von dem Erzbischof zu Maynz erkaufte sie sich 1346. für 1200. Mark Silber die Grafschaft Mühlberg und Tondorf wiederkäuflich, und weil die Hälfte von Mühlberg den Grafen von Henneberg und Schwarzburg gehörten, so kauften sie auch den Hennebergischen Antheil 1346. für 500 Mark; und für eben so viel 5 Jahr nachher den Schwarzburgischen Antheil, wobey aber das Wiedereinlösungs- Oefnungs- und Besatzungsrecht Maynz verblieb. Guden. S. 176.

§. 72.
Zerstöhrung der Raubschlösser.

Diese Macht und Ansehen gebrauchte Erfurt vorzüglich zur Sicherheit seines Handels und der Gegend umher. Es zerstöhrte daher 1358. bis 1365. theils allein, theils in Verbindung mit den Landgrafen von Thüringen und Maynz auch mit den Städten Mühl- und Nordhausen mehrere Raubschlösser. Bald drauf aber zerfiel es mit dem Landgraf von Thüringen bey der Erwerbung von Wassenburg und eines Theils des Gabretta oder Thüringer Waldes, welches Erfurt von dem Grafen von Schwarzburg, welcher in einer Fehde mit Würzburg begriffen war, erkaufte. Der Landgraf hob die Gesanden, welche an den Kaiser um Confirmation des Kaufs abgeschickt waren, auf der Reise auf, und setzte sich in Besitz von Wassenburg und des Waldantheils. Es kam zu Thätlichkeiten wo der Landgraf Erfurt die Zufuhr abschnitt und sie 1370. zur Ruhe nöthigte, dagegen kauften nun die Erfurter von den Grafen von

von Gleichen die Dörfer Walsleben, Elxleben und Münsterhofen für 1000 Mark Silber.

§. 73.
Feindseeligkeiten gegen den Landgrafen von Thüringen.

Erfurt konnte dieses ernsthafte aber verdiente Betragen des Landgrafen nicht verschmerzen und suchte eine Verbindung mit andern Städten und einigen Grafen in Thüringen zu errichten, auch den Landgraf verhaßt zu machen. Allein der Landgraf behauptete sein Recht, und lud Erfurt vor seine Gerichte.

§. 74.
Bann.

Besondern Muth zeigt Erfurt in dem Schisma zwischen Adolf von Nassau und Ludewig. Es ergriff Adolfs Parthey, welche mehrere Städte und Thüringische Grafen auf seiner Seite hatte. Carl IV., der Landgraf von Thüringen Balthasar, und der Markgraf von Meissen zogen mit einem Heere von 30000 Mann gegen sie auf, und Pabst Gregor XI. sprach den Bann gegen sie aus. Allein der Senat ließ die Kirchen sorgfältig bewachen, damit das Banndekret weder angeschlagen noch publiciret werden könne. Erfurt in welches sich Adolf gezogen vertheidigte sich 16 Wochen so nachdrücklich durch Ausfälle und Gegenminen, daß die Belagerer, welche die Gegend umher sehr verwüsteten, abziehen mußten. Endlich eröfnete Ludewigs Tod Adolfen den Stuhl zu Maynz. Bey allen diesen Kriegsunruhen kaufte dennoch Erfurt Vargela für eine beträchtliche Summe Geldes.

§. 75.

§. 75.

Universität.

Auch um die Wissenschaften suchte Erfurt sich um diese Zeiten verdient zu machen. Schon 11 Jahr vorher hatte die Stadt bey dem Pabste Clemens darum angesucht, welcher es auch schon bewilliget und dem Stift der Marie das Canzellariat gegeben. Jetzt aber unterstützte Adolf von Maynz ein kluger, gelehrter und tapfrer Fürst, 1389. durch seine Vorbitten die Stadt bey Urban VI welcher sie auch bestätigte und Freyheiten gab. Allein erst einige Jahre nachher wurde sie eingeweihet (1393.) und Bonifacius IX. bestellte den Erzbischof von Maynz zum Canzler der Universität.

Galetti Geschichte von Thüringen IV. 81.

§. 76.

Fehden mit Rudolf von Heldrungen.

Die Fehde mit Rudolf von Heldrungen wurde für Erfurt nachtheiliger durch seinen Bundesgenossen, den Landgraf Wilhelm, welcher nach damaliger Sitte umher verwüstete und das Vieh wegtrieb. Noch mehreren Schaden that 1396. eine Feuersbrunst, welche in der Gerbergasse anhob und ein Viertel der Stadt verwüstete. Vieles befürchtete Erfurt auch von der Absetzung des R. K. Wenzels, allein die Unruhen gingen vorüber, und Ruprecht von der Pfalz begünstigte sie vorzüglich.

§. 77.

Höchste Größe von Erfurt.

Blühend an Wohlstand, reich, ansehnlich und mächtig beschloß Erfurt das 14te Jahrhundert, und

und trat eben so in das 15te ein, den Zeitpunkt der höchsten Größe Erfurts. Es vermehrte seine Erwerbungen 1408. durch Ankauf der Stadt Sommerda, nebst Schallenburg von dem Grafen von Schwarzburg. Hierdurch erweiterte es sein Gebiet dergestalt, daß es von der Stadt aus nach der Unstrut 96. Stadien enthielte, auch verschönerte es sich in der Folge von Zeit zu Zeit durch prächtige Gebäude Thürme und Tempel. Indessen mischte sich auch die verwüstende Flamme zuweilen in diesen Wohlstand und verwüstete 1414. den Anger oder Waidmarkt, zwey Jahre darnach den Riebenmarkt, die Pansterer und Mindel - die Pergament - und Marpichische Gasse bis zu dem St. Mauritius, Servatius und Andreasthore. Guden. 183.

§. 78.

Gleichwohl blieb die Stadt bey aller ihrer Größe noch friedlich gegen ihre Nachbarn. Und es wurde in dem damals entstehenden Husitenkriege, Erfurt die Kriegskasse anvertrauet.

§. 79.

Husitenunruhen.

Um sich in den Husittenunruhen sicher zu stellen, suchte sich Erfurt durch Bundesgenossen mächtiger zu machen, und schloß mit dem Herzog Erich von Braunschweig ein Bündniß, daß er der Stadt auf jede Bitte 50 geharnischte Ritter stellte, wofür sie ihm jährlich 300 Goldgulden versprach; es wurden Wälle, Mauern, Thürme und Gräben mit vielen Kosten errichtet, auch noch ein anderweitiges Bündniß mit Landgraf Friedrich von Hessen und Herzog Heinrich von Braunschweig geschlossen,

sen, wofür sie ihnen ansehnliche Subsidien erlegte; dennoch führte man 1425. auch noch den Wiprechts Tempel prächtig auf.

§. 80.
Betragen gegen den Landgrafen.

Man bemerkt daher auch noch immer viel Hang für den Landgraf von Thüringen, vorzüglich als Friedrich die Marianische Geistlichkeit bey ihren Zinsen und Gerechtsamen in Thüringen schützte. Diese betete für ihn, und hielt jährlich zwey Todtenmessen für die Verstorbenen des Hauses. Ja man findet auch schon in den Jahren 1440. und 1445. Vergleiche über den besondern Schutz und dafür zu erlegendes Schutzgeld zwischen Sachsen und Erfurt.

Galettti Geschichte von Thüringen IV. 76. und 234.
Müllers Annalen S. 23. und 24.

§. 81.

Erfurt bewieß vorzüglich Ergebenheit und Treue für den Landgrafen von Thüringen, indem es ihm seine unruhigen Beamten von Vitzthum und Bussen bezwingen half, und durch seine Kriegsund vorzügliche Minierkunst das Schloß Wassenburg 1451. einnahm, indem die Erfurter mittelst einer 600 Fuß langen Mine mitten im Schloßhofe herauskamen.

§. 82.

Auch fuhr Erfurt in Vergrößerung seines Gebiets fort und kaufte von dem Marienstifte, welches seine Kirche prächtiger und mit steinern Pfeilern erbauete, das Dorf Rudelstadt 1452.
wie-

wiederkäuflich gegen 214. Goldgulden. Auch erhielt die Stadt auf ihre Bitte den Erlaß der 100. Mark jährlicher Strafe wegen der Juden, den Judenzins aber mußte sie fortzahlen, ohne deswegen Juden aufnehmen zu dürfen.

§. 83.

Wachsam auf alles was Gefahr bringen konnte, befürchtete Erfurt nicht ohne Grund beträchtliche Nachtheile von dem Schisma auf dem Maynzischen Stuhl, welches nach Theodorichs Tode entstand, indem Ditherr von Isenburg und Adolf von Nassau, und letzterer unter Begünstigung des Pabstes um den Stuhl zu Maynz stritte. Es suchte daher bey dem Pabste um ein Privilegium an, daß der Maynzer Hof *) nicht in fremde Hände durch Veräußerung kommen möchte, wodurch sie glaubte, ihre vorgebliche Reichsfreyheit mehr schützen zu können. Sie erhielten auch 1462. dieses Privilegium vom Pabst Pius, welches auch Adolf anerkannte.

§. 84.

Abermals wüthete die Pest 1464. in Erfurt, und verzehrte an 20000. Menschen. Indessen war dieses Unglück dem Handel und Reichthum der Erfurter weniger empfindlich, welches aus mehrern Umständen erhellet, denn das Petersklöster erbauete sich einen geschmackvollen Kreuzgang. Pracht und Aufwand glänzt überall hervor. Adolf bewieß sich Erfurt sehr gefällig, und suchte es dadurch mehr für sich zu gewinnen. Er erließ der Stadt die wegen einiger Lehne zu leistender Kriegsfolge, und überließ ihr pachtweise das Recht Münzen zu prägen, jedoch mit Vorbehalt des halben

*) Allodium Moguntinum.

ben Schlägeschatzes. In diese Zeiten fällt die Verlegung der auf den sogenannten Graben stehende Gerichtsstelle 1476. vorzüglich betrieb es die Marianische Geistlichkeit, damit der Gottesdienst nicht so sehr gestöhret wurde.

§. 85.
Mehrer Bevestigung.

Das mehr bekanntwerdende Schießpulver veranlaßte die Erfurter, zu stärkerer Bevestigung ihrer Stadt. Sie umgaben daher 1472. dasselbe mit einem sehr breiten Wall. Damals vollendete man ihn von St. Petersberge bis zum St. Andreas - Johannes - und Krämpfer Thore, auch vermehrte man die Mauerthürme. Demungeachtet aber war Erfurt nicht vest genug gegen die heimtückische Bosheit. Apel von Vitzthum hatte, um sich an Erfurt zu rächen, einen flüchtigen Mönch aus dem Kloster Schulpforte, Theodorich Burkhard angestiftet, Erfurt durch Flammen gänzlich zu Grunde zu richten. Boshaft genug suchte dieser Verworfene den Ort aus, wo die meisten brennbaren Stoffe waren. Er legte am 19. Junius 1472. das Feuer bey der Cramerbrücke an, zu einer Zeit wo eine anhaltende Hitze alles Holzwerk ausgetrocknet hatte. Die Flamme brach Mittags um 1 Uhr aus und verzehrte die Waarenniederlagen und Buden, eine andre Flamme brach bey der Rabenmühle, und eine dritte in der Pergamentgasse aus, so daß fast die ganze Stadt ein Raub der Flamme wurde. Der flüchtige Bösewicht welchen man wieder auffing, erhielt zwar eine fürchterliche Strafe, aber der Schade war fast unersetzlich. Um indessen das Unglück in etwas zu erleichtern, verliehe der Kaiser 1473. der Stadt eine Messe.
von Guden, 190.

Fal-

Falkenstein giebt 2024. Feuerstellen an S. 338. Müller in den Annalen S. 36. giebt 6000. an.

§. 86.
Ansehnliche Kriegsmacht Erfurts.

Bey alle diesem Unglück trat Erfurt dennoch 1474. in dem Kriege Friedrichs III. gegen Carl von Burgund mit 350. Kriegern auf, welche sich im Lager vorzüglich prächtig, und im Streite sehr tapfer zeigten, so daß dieser Zug der Stadt 400000. Gulden gekostet haben soll. Auch zeigte sie sich in den Schützenübungen prächtig, wovon das an St. Jacobstage von fürstlichen Personen häufig besucht wurde, wo der Senat auch den ersten Glückstopf gab.

§. 87.
Erfurts Politik in Erweiterung seiner Rechte.

Der Kaiser hatte die Tapferkeit der Erfurter bemerkt, und forderte einige Zeit nachher von ihnen ebenfalls Truppen; allein sie entschuldigte sich, daß sie schon unter andern Fahnen dem Reiche Truppen stellte, wobey sich auch der Kaiser beruhigte. Erfurt benutzte in den damaligen Zeiten vorzüglich auch die Feindschaft welche der Kaiser gegen den Erzbischof Ditherr hegte, und suchte verschiedene Gerechtsame, welche der Erzbischof von Maynz wegen der kirchlichen Verhältnisse und sonst verlangte, zu vernichten. Es kam damals selbst zu wechselseitigen Schriften, worinne Erfurt behauptete, Maynz habe keine Gerechtsame daselbst außer den kirchlichen Verhältnissen, die Stadt Erfurt habe mehrere ihrer Rechte von dem Kaiser erhalten, viel von den Ursprunge der Stadt an behauptet, so daß man deutlich bemerkt,

wie

wie vorzüglich auch hier Erfurt wenigstens gegen Maynz, eine beabsichtigte Reichsunmittelbarkeit zu begründen suchte, gegen welche aber auch die Ansprüche des Landgrafen von Thüringen eintraten. Die Erfurter durch einen kaiserlichen Brief von 1479. und 1480. ermuntert, betrieben ihre Absichten sehr thätig gegen Maynz. Sie drangen in den Erzbischöflichen Hof, und verjagten die daselbst befindlichen Beamten.

§. 88.
Albrechts Coadjutorat und Nachfolge.

Diese wechselseitigen Beschwerden und Schriften veranlaßten mehrere Verbitterungen, und weil Dietherr von allen Seiten gedrängt wurde, so suchte er sich mehr Ansehen und Nachdruck dadurch zu verschaffen, daß er sich an den edelmüthigen Churfürst Ernst von Sachsen wendete, und dessen Prinz Albrecht zu seinem Coadjutor annahm und bestätigen ließ. Erfurt welches immer auf sein Interesse wachsam war, bevestigte um diese Zeit die Cyriaksburg und erbat sich von dem Kaiser besondern Schutz derselben, welcher es auch versprach, die daselbst befindlichen Benediktinernonnen wurden mit päbstlicher Bewilligung auf St. Andreas gebracht. Dieses Betragen Erfurts machte den Churfürst von Sachsen als Landgraf von Thüringen sehr aufmerksam wegen seiner Gerechtsame, und er stellte sie deshalb zur Rede, so wie auch Maynz solches nicht gleichgültig ansahe. Allein bald darauf starb 1482. der Erzbischof Dietherr und der bisherige Coadjutor Albrecht folgte ihm auf dem Erzbischöflichen Stuhle *).

§. 88.

---

*) Hier traf der Fall ein, daß Vater und Sohn zugleich im Churcollegio waren.

§. 88.
Vertrag.
Amerbacher Concordat.

Bey dieser Lage da Erfurt auch Sächsische Fürsten auf dem Maynzischen Stuhl sah, suchte sich selbiges durch Klugheit zu helfen, daß es in der Stille mit Sachsen sowohl als mit Maynz 1483. zu gleicher Zeit besondere Verträge schloß, wozu von Albrecht in Absicht der wegen Maynz abzumachenden Streitigkeiten Amerbach in Ottenwalde; von Seiten Chursachsens aber Weymar bestimmt wurde.

Statistik.

§. 90.
Gebiet, Cultur und Produkte.

Das Gebiet der Stadt vergrößerte sich in dieser Periode sehr ansehnlich. Sie hatten nicht nur die Besitzungen, welche Albrecht von Thüringen den Erfurtern verkauft und überlassen hatte, sondern auch Mittelhausen und Riethnordhausen unter dem Namen der kleinen Grafschaft an der Gera, Zimmern seit 1344. das Amt Kaplendorf 1347. Azmannsdorf und Stobra 1355. ingleichen Mühlberg und Tondorf, Walsleben, Elxleben und Münsterhofen 1370. Vargula seit 1386. Sommerda und Schallenburg seit 1416, wodurch die Grenzen der Stadt 96 Stadien von derselben nach der Unstrut hin erweitert worden, auch besaß der Senat wiewohl rückkäuflich das Dorf Rudelstadt von dem Marienstifte.

Der Landbau war zwar noch immer sehr beträchtlich, wurde aber durch den schon damals beträchtträchtlichen Küchengartenbau, auf welchem man wegen des schon besondern Rübenmarkts schließen kann, und durch den sich verbreitenden Wein- und Obstbau etwas eingeschränkt; der Wein- und Obstbau litte 1311. und 1336. sehr durch feindliche Verwüstungen. Indessen war in der Mitte des vierzehnden Jahrhunderts hierinne eine merkliche Wohlfeilheit, da die Kanne Erfurter Wein 1 gr., und Thüringischer 8 pf. galt.

s. in den vorigen §. §. der Geschichte.

§. 91.
Bevölkerung.

Wie beträchtlich die Bevölkerung war, stehet man aus den großen Verwüstungen, welche Unruhen Hunger und Pest unter den Einwohnern Erfurts anrichteten. In den Jahren 1316. und 1318. starben an 12000 Menschen, worunter im erstern Jahre allein 7985. vom Hunger verzehrt wurden, und 1348. starben abermals 2000. Menschen.

s. in den vorigen §. §. der Geschichte.

§. 92.
Gewerbe und Handel.

Die Gewerbe blüheten vorzüglich, die Ledermanufacturen und Tucharbeiten, die Waffenschmiede und Panßerer, die Pergamentbereiter und andere. Aber zu seiner größten Höhe war der Handel gestiegen, welches man am besten aus der Fürstlichen Sächsischen Geleitstafel von 1441. ersiehet. Es gehört hierher vorzüglich Wein, Getraide, Waid, Safflor, Hopfen, Eisen, Tücher, Chalons, Schleyer, Glastruhen oder Kasten, Venedisches Glas, Malvasier, Rheinweine, verschiedene Thiere, Fische von mehrern Arten, Rosinen, Fei-

Feigen, Baumwolle, Hüthe, Mandeln, Reis, Anis, Karten, Lauten, Papiere, Gewürze, Sammet und seidene Zeuche u. s. w. Durch die 1331. und 1473. erhaltenen Messen wurde er ebenfalls sehr befördert.

S. v. Dalberg Beyträge zur Geschichte der Erfurter Handlung S. 27 — 40.

§. 93.

Wohlstand.

Der hohe Grad des Wohlstands in dieser Periode zeigt uns die Pracht und den Luxus der Stadt. Sie wurde in ihren öffentlichen Bauen immer prächtiger, die Marienkirche allein kostete im J. 1350. 24000 Mark *), Männer und Weiber trugen prächtige Gold- und Silberstoffe, Sammt und seidene Zeuche. Man hüllete sich um die Jahre 1444. in große weite Kleider von 15 — 16 und mehrern Ellen feinem Tuche ein, trug rothe Schuhe von Hirschleder mit langen spitzigen Schnäbeln; auch findet man, daß der päbstliche Legat Johann de Capistrano gegen das so häufige Würfel- und Bretspiel eifert; so war das Schmausen auch ausschweifend.

*) Falkenstein Historie Erf. 213. und 310.

§. 94.

Religion und Charakter.

Die Religion wurde in diesem Zeitpunkte prächtiger, und die Kirchenverfassung mit einigen neuen Ordensbrüdern vermehret. Es kamen 1311. die Servitten nach Erfurt, und 1372. errichteten die Chartheuser ihre Charthause, die Nonnen kamen von der St. Cyriaksburg nach St. Andreas. Die Sitten der Kirche und sonst waren

waren sehr verfallen, wozu auch 1350. die Flagellanten vieles beytrugen. Erzbischof Theodorich fand daher auch bey der Geistlichkeit eine Reformation nöthig, und unternahm sie vorzüglich im St. Petersfloster. Die Judenverfolgung zeigt uns Züge der Grausamkeit in ihrem Charakter.

§. 95.
Künste und Wissenschaften.

Der Luxus und die Pracht mußte nothwendig die Künste sehr befördern, und daher blühete die Baukunst und bildende und formende Künste, und alle Gewerbe, welche wir in den vorigen schon fanden. Vorzüglich aber erhielten die Wissenschaften eine große Unterstützung und Flor durch die Errichtung der Universität, welche zwar schon 1378. gestiftet, aber erst 1393. eingeweihet ward; die Päbste Clemens VII. und Urban VI. machten sich bey ihrer Errichtung verdient, und Bonifaz IX. bestellte den Erzbischof von Maynz zum Kanzler der Universität, und verstattete, daß die Einkünfte von vier Canonikaten zur Besoldung von vier Professoren verwendet würden. Im J. 1405. waren fünf Professoren, und 1411. stieg ihre Zahl noch einmal so hoch. Die Universität nahm sonderlich zu, durch die von Würzburg aus häufig dahin ziehenden Studenten, wo sie von den Bürgern gedrückt wurden. Man findet auch, daß schon in der ersten Hälfte des vierzehnten Jahrhunderts die Chirurgie zu Erfurt in gutem Zustande war, indem Landgraf Friedrich in der Fehde gegen Weymar von einer schweren Wunde zu Erfurt geheilt wurde.

Die Universität erhielt bald nach ihrer Stiftung mehrere Collegien. Das Collegium Porta Coeli

Coeli ſtiftete ein Arzt, Amplonius Fagus, im Anfang des funfzehnten Jahrhundertes, vermachte demſelben auch ſeine Bibliothek, und errichtete Stipendien. 1448. ſtiftete D. Gerbſtadt das Collegium Iuriſtarum, wieß ihm Revenüen an, und ſetzte Etwas zu Stipendien aus. Sie hatte im funfzehnten Jahrhundert öfters 300 bis 400 Studirende, und 1455. ſtieg die Zahl derſelben auf 538.

Falkenſtein Geſchichte von Erfurt S. 280.
Guden 131. 133. 183.
Motſchmann Gelehrtes Erf. 1. Band, S. 470 —489. Galetti V. 140.

§. 96.

Politiſche Verfaſſung, Polizey, Kriegsweſen.

Die innere Regierungsverfaſſung ging aus der ariſtokratiſchen durch die im Jahre 1310. und 1322. eintretende Veränderung mehr in die gemiſchte über, indem das Volk die Viertelsmeiſter in den Rath brachte, auch bey den Rathsſtellen nicht mehr ſo auf den Patriciat geſehen wurde *). Die Erfurter ſuchten das Kriegsweſen vorzüglich auszubilden. Sie ſtellten daher öftere Kriegsübungen mit ihren Bürgern an, und unterhielten eine anſehnliche Mannſchaft; ſie ſtellten eben ſo viel Ritter als Meißen und Böhmen; ſie machten ſich von Braunſchweig und Heſſen zu verſchiedenen Zeiten anſehnliche Hülfstruppen aus **); ſie ſuchten die Stadt zu einer Hauptveſtung zu erheben, und zeigen in der Beveſtigungs- Belagerungs- und Minirerkunſt für die damaligen Zeiten große Kenntniſſe, vorzüglich bey der 1451. geſchehenen Eroberung von Waſſenburg durch eine Mine ***). Auch kannten sie schon 1362. und 1377. Büchsen von Metall mit Pulver und Steinen daraus zu schießen ****). In der Polizey findet man schon sehr nützliche Anstalten in den Jahren 1351. 1357. Gesetze wegen der Kleidungen und Kleiderpracht, auch wegen des sonstigen Aufwands, indem die Prachtordnung von 1420. schon ziemlich ausführlich ist, auch der Aufwand bey Hochzeiten und Schmausereyen wurde eingeschränkt, daß nicht über 32 Schüsseln und zu jeder nicht mehr als drey Personen gerechnet werden, auch kein Frauenzimmer mehr als vier Mark Silber und acht Loth Perlen an sich haben solle.

*) Galetti IV. 75. **) Guden 186. ***) Galetti IV. 75. ****) Galetti IV. 79.

Fünfte Periode.

Von dem Jahre 1483. dem Ammerbachischen Vertrage bis 1664. oder der Redaktion.

Innhalt.

§. 97. Ammerbachischer und Weymarischer Vertrag. §. 98. Neue Staatsauflagen. §. 99. Wachsamkeit auf den Handel. §. 100. Concordata Bertholdi. §. 101. Verschuldung. §. 102. Verpfändung. §. 103. Anfang der Kellnerischen Unruhen. §. 104. Mühlhäuser Zusammenkunft. §. 105. Burgemeister aus den Handwerkern. §. 106. Convent zu Erfurt. §. 107. Innere Unruhen. §. 108. Augsburger Tag. §. 109. Maynz sucht seine Absichten zu befördern. §. 110.

Vertrag zu Butstedt und Naumburg. §. 111.
Vermehrung der Auflagen. §. 112. Reformation und sogenannter Pfaffensturm. §. 113. Streit wegen des Maynzer Hofs. §. 114. Bauernaufruhr. §. 115. Sächsische Empfehlung der Reformation. §. 116. Augsburger und Hamelburger Convent. §. 117. Streitigkeiten mit Sachsen. §. 118. Tag zu Mühlberg. §. 119. Beschwerde zu Torgau. §. 120. Schmalkaldischer Krieg. §. 121. Einfluß der Reformation auf die Universität. §. 122. Passauer Vertragsstreitigkeiten. §. 123. Streit über das Geleitsrecht mit Weymar; und Brand. §. 124. Religionsunruhen. §. 125. Einschränkungen der Römisch Katholischen. §. 126. Jesuiterunruhen. §. 127. Convent zu Arnstadt. §. 128. Verlangte Reichsunmittelbarkeit. §. 129. Religionsfreyheit. §. 130. Streitigkeiten mit Sachsen. §. 131. 132. 133. 134. Dreyßigjährige Kriegsunruhen. §. 135. Westphälischer Friede. §. 136. Maynz sucht seine Rechte gültig zu machen. §. 137. bis 140. Innere Unruhen und Commission. §. 141. Streitigkeiten über die Vierherrenwahl. §. 142. Wahl der Vierherren. §. 143. Anfang der Limbrechtischen Unruhen. §. 144. Kayserliche Commission. §. 145. Sächsische Vermittelung. §. 146. Abermalige Commission. §. 147 und 148. Limbrechtische Unruhen wegen des Kirchengebets. §. 149. Achtserklärung. §. 150. Maynzische Vollstreckung. §. 151. Gebiet, Cultur und Produkte. §. 152. Bevölkerung. §. 153. Gewerbe und Handlung. §. 154. Wohlstand. §. 155. Religionsverfassung und Charakter. §. 156. Wissenschaften und Künste. §. 157. politische Verfassung, Polizey und Kriegswesen.

Geschichte.

§. 97.
Ammerbacher und Weymarischer Vertrag von 1483.

Der Ammerbacher Vertrag von 1483. bestimmte die Verhältnisse zwischen Erfurt und Maynz meistentheils nach dem Herkommen; der Rath begab sich vorzüglich der Eingriffe in die geistliche Gerechtsame des Erzbischofs, und der Erzbischof dagegen gestand seiner Seits dem Rathe alle seine Rechte, wie er solche hergebracht hatte, zu, und begab sich verschiedener bisher verlangter Gerechtsame. An dem nehmlichen Tage schloß Erfurt auch mit den Churfürsten und Herzogen von Sachsen und Landgrafen von Thüringen den Weymarischen Vertrag, worinnen Sachsen der Stadt Erfurt seinen besondern Schutz und Schirm gegen eine von Erfurt jährlich zu zahlende Erlegung von 1500 Gulden zusagt, und verspricht, sie bey ihren Freyheiten und Privilegien, in sofern sie solche rechtlich hergebracht, zu lassen, die Gerichtsunordnungen zu heben und zu verbessern, die Fortsetzung des Baues an der Cyriaksburg sich gefallen zu lassen, da es ihm nicht zum Verdruß, sondern zu kundlicher Nothdurft, Schirm ꝛc. gebauet sey; die in dem Sächsischen zu erhebenden Zinsen und Renten auf Ansuchen folgen zu lassen; nach geschehener Provokation sogleich Recht zu sprechen, und einige andre Punkte. In diesem Vertrage wurden der Kayser, der Pabst und Maynz, und zwar letzteres nur in gewissen Fällen, welche in der Urkunde im allgemeinen bestimmt sind; zugleichen von der Stadt Erfurt,
die

die Reichsstädte Mühl= und Nordhausen, ausgenommen.

f. Concordata und Verträge, so zwischen dem hochwürdigsten Erzbischof und Stift Maynz und der Stad Erfurt auffgericht, Item Concordata und Verträge zwischen dem durchlauchtigsten ꝛc. Churfürsten und Fürsten des löbl. Haus zu Sachsen, Herzogen, Landgrauen in Thüringen auffgericht ꝛc. 1584 4.

Iustitia protectionis Saxonicae in causa Erfurtensi. 1663.

Repetita defensio &c. 1664.

Schon 1440. findet man Spuren, und so auch in der Folge, s. oben §. 80.

Kurzgefaßte Nachrichten von Erfurt ꝛc. (von Weinrich) 1713.

§. 98.
Neue Staatsauflagen.

So hatte Erfurt Wettepfer zwischen Maynz und Sachsen erregt, und bey dem leztern den besondern Schutz und Schirm von neuem begründet, bey Maynz gab es vor, es sey blos der Dörfer wegen geschehen. Erzbischof Berthold, so staatsklug er auch war, konnte doch wenig ausrichten. Der Senat bemühete sich auch seine Rechte gültig zu machen, und machte Auflagen auf Brod und Getränke, er legte auch 1490. ein Mahlgeld an, so daß nicht anders, als nach Vorzeigung eines Zeugnisses des Raths, gemahlen werden durfte, welches aber einige geistliche Mühlen nicht achteten.

§. 99.

Wachsamkeit auf den Handel.

Außerdem war die Stadt auch sehr wachsam auf ihren Handel, und da man zu Weymar, vorzüglich durch Schuld der Münzer, für ihr Handelsinteresse nicht gut genug münzte, so weigerte sich Erfurt, die Wehmarischen Münzen anzunehmen, indem ihrer Angabe nach ihr Handel dadurch litte. Man hielt daher 1492. gemeinschaftliche Berathschlagungen zu Weymar über diesen Gegenstand, und nahm die Abrede dahin, daß die Stadt bey allen Münzveränderungen zugezogen werden, dagegen die Sächsischen Münzen in Erfurt auch gültig seyn sollten. Das gute Verhältniß zwischen Sachsen und Erfurt zeigte sich auch bald darauf in dem prächtigen 1496. zu Erfurt gehaltenen Touruiere, wo die Pracht des Thüringischen Abels mit dem Ueberflusse einer blühenden Handelsstadt wetteiferte. Es erschienen dabey allein an zweyhundert bewaffnete Sachsen, achtzehen Grafen, und viel andere Edele. Man bemerkte dabey auch von Seiten Erfurts gute und zweckmäßige Polizeyanstalten.

§. 100.

Concordata Bertholdi.

Das so glückliche Vernehmen zwischen Sachsen und Erfurt und der dadurch bewirkte Muth der Erfurter erregte bey Maynz Neid und Aufmerksamkeit. Der Erzbischof Berthold suchte daher die streitigen Punkte beyzulegen, und bestimmte deshalb einen Tag zu Abthuung derselben; und es kam 1499. zu den Bertholdischen Concordaten. In diesen suchte der Erzbischof die Behauptung der Erzbischöflichen Ansprüche;

auch

auch ließ er sich die Befestigung der Cyriaksburg, in so fern sie die mehrere Sicherung der
Stadt zur Absicht habe, gefallen. Der Rath
versicherte sich mehrerer Vortheile, welche bisher
Maynz ihm streitig zu machen gesucht hatte.
Bald aber entstanden neue Zwistigkeiten, welche
jedoch von weiter keinen Folgen waren. In diesen Zeiten finden wir auch schon eine Bürgerzeh-
lung, welche der Senat anstellte.

§. 101.

Verschuldung.

Die Stadt Erfurt war theils durch die
häufigen Unglücksfälle, vorzüglich aber durch
Pracht und Verschwendung, zum Theil auch
durch die zuvielen beträchtlichen Strafen, in
große Schulden verfallen, welche im Jahre 1509.
an 600000 Goldgulden betrugen, und durch
die jährlich zu erlegenden Zinsen sehr drückend
wurden, auch den Kredit der Erfurter Bürger
und mit diesem den Handel merklich schwächeten.
Hierdurch wurden von Zeit zu Zeit neue Auflagen auf Wein, Fleisch und Brod veranlaßt,
welche Ursachen zu vielen Unruhen wurden.

§. 102.

Verpfändung.

Hierzu kam nun noch die Verpfändung
oder vielmehr der Verkauf auf Wiederruf des
Amts Kapellendorf, welches 1509. der Senat vorzüglich durch den Vierherrn Heinrich Kellner für
8000 Gulden an Sachsen überließ, wozu kaiserliche
Einwilligung und von Seiten Sachsens Besitznehmung erfolgte *). Die Schulden nahmen täglich zu, der öffentliche Kredit sank immer mehr,
die

die fremden Gläubiger drangen auf die Zahlung, gleichwohl überstiegen die Schulden die Einnahme um einige tausend Gulden. Der Senat entdeckte endlich den Bürgern diesen Zustand, weil man selbigen nicht länger verheimlichen konnte; die Bürger wählten sich hierauf Verordnete zur Untersuchung der Schulden. Der Rath gab zwar dem Aufwand auf den Rovestanischen oder Neukircher Feldzug, auf verschiedene Bündnisse, auf die Römischen Legationen, die verschiedene Concordate und der bey den häufigen Unglücksfällen ungeheure Summen gekostet, die Schuld: allein das Volk wurde immer mehr aufgebracht, und forderte die Schlüssel der Stadt und die Wachen auf den Wällen, den Thürmen und der Cyriaksburg dem Rathe mit Gewalt ab; welches auch der Rath aus Furcht überließ. Der Rath wendete sich an Sachsen, welches auch Vorstellungen zur Ruhe that, und ernsthaft dazu ermahnte; eine Parthey aus den gemeinen Bürgern wollte die Sache an Maynz gelangen lassen, welches der Rath aber zu verhindern suchte. Endlich kam es dahin, daß das Volk von Jedermann eine Erklärung forderte, ob er es mit dem Senate oder mit dem Volke halten wolle.

*) s. Müllers Annalen S. 65.

§. 103.
Anfang der Kellnerischen Unruhen.

Die Viertelsmeister oder Vierherren kamen nun selbst in Verlegenheit; man setzte sie wegen Vernachläßigung ihrer Pflicht zur Rede, und die Abgeordneten der Bürger drangen jetzt mit den Handwerksmeistern auf das Rathhaus in den versammelten Rath, wo alle fünf Rathsgänge beysammen waren, und Heinrich Kellner sich
mitten

mitten darunter befand. Ihm als ersten Vierherrn schrieb man die Zerrüttung vorzüglich zu,
und setzte ihn zur Rede. Kellner, ein stolzer und
herrschsüchtiger Mann, verantwortete sich trotzig,
worauf die Abgeordneten auf ihn losgingen;
man drang auf seine Verhaftnehmung, und würde
sich seiner sogleich bemächtiget haben, hätte
sich nicht der Senat seiner vorzüglich angenommen und nachdrücklich vorgestellt, daß es Sachsen als eine vorzügliche Beleidigung ansehen und
solches nicht ungerochen lassen würde. Diese
Vorstellung schützte ihn jetzt, daß er gegen Si-
cherheitsleistung nach Hause gehen durfte. Dennoch aber dünkte er sich in seinem Hause nicht sicher
genug, und hielt sich daher acht Wochen lang in
der St. Peterskirche auf. Endlich verließ er
aber diese, und glaubte sich nun in seinem Hause
sicher, wo er aber gefangen genommen und hierauf in Untersuchung gezogen wurde.

§. 104.
Mühlhäuser Zusammenkunft.

Die Unruhen und Unordnungen nahmen
zu; eine Parthey unter den Bürgern drang darauf, man solle Hülfe bey Maynz suchen; allein
der Senat suchte dieses zu verhindern und aus-
zureden, und trug darauf an, es lieber an Sachsen gelangen zu lassen. Der Senat berichtete es
auch wirklich an den Churfürsten von Sachsen
und Landgrafen von Thüringen, welche durch
ernstliche Drohungen die Gemeinheit von ihrem
Entschluß abzuhalten suchten, die indessen doch
einige Personen heimlich nach Maynz geschickt hatte.
Diese innere Unruhen veranlaßten indessen, daß
Einige aus der Stadt flohen, Andere plünder-
ten in der Gegend umher, noch Andere zogen
einige

einige Handelszweige ganz weg in die benachbarten Städte. Der Churfürst Uriel hatte indessen einige Räthe auf Veranlassung der obigen Parthey abgesandt, welche die Streitigkeiten beylegen sollten; Chursachen aber, welches dieses für sich nachtheilig hielt, ließ diese Maynzischen Räthe und die bey ihnen befindlichen Erfurter zu Georgenthal anhalten und sich eidlich verbinden, daß sie nach Maynz oder Würzburg zurückgehen wollten *); die dabey befindlichen Erfurter aber gefangen nehmen. Endlich kam es durch Vermittelung des Bischofs Lorenz zu Würzburg zu Mühlhausen zu einer Zusammenkunft, welche sich aber zerschlug.

*) Müllers Annalen S. 65. Galetti Geschichte von Thüringen IV. 244.

§. 105.
Burgemeister aus den Handwerkern.

Viele Rathsglieder gingen bey diesen Unruhen aus der Stadt, und nahmen ihre Zuflucht zu Sachsen, unter ihnen befand sich auch D. Göben, ein berühmter Rechtsgelehrter. Die Bürger drangen nun auf eine neue Wahl, wozu man auch schritt und festsetzte, daß der vierte Burgemeister nicht mehr aus den Patriciern, sondern aus den Gilden der Handwerker genommen werden solle, so wie auch, daß Fremde, nehmlich die Personen jenseits der Saale, welche bisher ausgeschlossen waren, wahlfähig seyn sollten. Maynz suchte sich auch hinein zu mischen, und brachte verschiedene Vorschläge auf die Bahn, welche Sachsen als nachtheilig für sich ansahe. Es beschwerte sich daher, und suchte seine Rechte durch ernsthafte Schritte zu behaupten, so daß es zu Feindseligkeiten zwischen Sachsen und Maynz kam.

§. 106.

§. 106.

Convent zu Erfurt.

Maynz suchte indessen die Gunst des Volks zu gewinnen, und verwendete sich 1510. für die gefangenen Erfurter bey Maximilian I., und schlug vor, daß die Gefangenen von Seiten Sachsens und Erfurt wechselseitig ohne Lösegeld ausgeliefert werden sollten, auch bewirkte seine Vorbitte ein Moratorium auf vier Jahre, vermöge dessen die Gläubiger von Erfurt binnen 4 Jahren nichts fordern sollten. Sachsen dagegen drang auf die Vertreibung der durch Maynzische Veranlassung beförderten Personen und auf die Wiedereinsetzung der Geflüchteten, und die ernsthaftesten Auftritte zwischen Sachsen und Maynz waren unvermeidlich. Allein der Kaiser gab Magdeburg und Würzburg Commission zur Untersuchung der Sache. Es wurde hierauf ein Convent zu Erfurt angesetzt, wo diese Unruhen unter kaiserlicher Vermittelung einstweilen gestillt wurden. Indessen wurde doch der unglückliche Kellner, welcher bisher lange in Untersuchung gewesen und viele Martern ausgestanden, das Opfer der Wuth des Volks, und endigte sein Leben an dem Galgen, so sehr auch Sachsen sich seiner annahm und durch den Herrn von Thun für ihn sprach.

f. Galetti Thüringische Geschichte. IV. 244. Horns II Theil zu einer Sächs. Handbibl. S. 159. Weinrich 122—127.

§. 107.

Innere Unruhen.

Durch die sich in diesen Tagen häufenden Unruhen hat sich diese Zeit den Namen des tollen

len Jahres in der Erfurtischen Geschichte erworben; denn außer den angeführten geriethen bey der Einweihung der St. Michaeliskirche die Studenten 1510. mit den Soldaten und Handwerkern im Trunke an einander. Erstere trieben zwar die übrigen zurück, aber dagegen lief nun alles zu den Waffen. Die Studenten zogen sich in das große Collegium, und vertheidigten sich von da aus; die Bürger aber führten einige Kanonen dagegen auf, zerstöhrten und verwüsteten das ganze Gebäude, Bibliothek und Archiv, wodurch die Universität theils alles dieses verlor, theils auch viele Studenten wegwichen, obgleich der Rath alle Genugthuung zu schaffen versprach und sich bemühete, auch Einiges ersetzte und verschiedene Bürger bestraft wurden.

§. 108.
Der Augsburger Tag.

Dabey dauerten die zwischen Maynz, Sachsen und Erfurt herrschenden Streitigkeiten immer fort, und obgleich vom Kaiser zu Augsburg ein Tag angesetzt wurde, so kam es doch nicht zur Entscheidung; vielmehr wurden diese Angelegenheiten zu Würzburg und Schmalkalden fortgesetzt, und dennoch 1512. auf dem Convent zu Cöln noch nicht ausgemacht. Ja es entstanden während der Zeit neue Unruhen durch eine aufrührische Predigt zu St. Sever, weßhalb der Senat diesen Prediger gefangen nehmen ließ und ihn den Mayntzischen Beamten auslieferte, welche ihn aber los und entwischen ließen. Hiezu kam die Heftigkeit des Syndikus, D. Bobenzahn, gegen einen Zinngießer, wodurch die Bürger so aufgebracht wurden, daß es endlich D. Bobenzahnen auf eine fürchterliche Art das Leben kostete.

§. 109.

§. 109.

Maynz sucht seine Absichten zu befördern.

Maynz suchte in diesen unruhigen Zeiten eines und das andere für sich zu gewinnen, wogegen man sich aber von Seiten Erfurts setzte. Der Erzbischof glaubte durch seine Gegenwart noch wirksamer seyn zu können, und wolte sich deshalb nach Erfurt begeben. Allein Sachsen hielt dieses für seine Gerechtsame bedenklich und nachtheilig, ließ die Pässe besetzen und machte auch noch andere Anstalten dieses zu verhindern, wodurch diese Maynzische Absicht vereitelt wurde.

§. 110.

Vertrag zu Butstedt und Naumburg.

Die sächsische Parthey siegte endlich zu Erfurt, und es wurde in den Verträgen zu Butstedt und Naumburg 1516., worinnen man den Landgrafen von Thüringen Territorialherrn nannte, festgesetzt, daß die Exulanten wieder nach Erfurt kommen durften, wobey sonderlich D. Göden sehr thätig war. Und obgleich der Kaiser auf Maynzische Veranlassung die Erfurter zur Rede setzte, kehrten sich diese doch nicht daran, zumal da der baldige Tod des Kaisers dazwischen kam. Die Exulanten wurden unter sächsischer Begleitung in die Stadt zurück gebracht und friedlich aufgenommen.

Kurzgefaßte Nachricht von Erfurt S. 125.
Iustitia protectionis sax. p. 35. et 36.
Weinrich S. 129.

§. 111.

§. 111.

Vermehrung der Auflagen.

Die Optimaten erhoben nun von neuem ihr Haupt, der Senat wurde wieder vermehrt, da er bisher zur Erleichterung des öffentlichen Schatzes vermindert worden. Man legte Kopfgelder auf, erhob die Steuer vierteljährig, und brachte bewegliches und unbewegliches Vermögen in Ansatz. Je mehr Maynz immer geglaubt hatte sich seinem Zwecke zu nähern, desto weiter wurde es immer davon entfernt.

§. 112.

Reformation und sogenannter Pfaffensturm.

Und itzt trat nun auch die wichtige Begebenheit, die Reformation, ein. Erfurt hatte Luthern, Deutschlands großen Reformator, zum Theil gebildet. Er verließ sein Augustinerkloster, und fing das große Werk zu Wittenberg an; allein bald breitete sich die Reformation auch nach Erfurt aus, dergestalt, daß, als Luther bey einer Durchreise zu Erfurt 1521. predigte, die Zuhörer so häufig waren, daß ein Theil der Kirche den Einsturz drohete. Luther empfahl damals in seinen Predigten Frieden; allein einige Monate darauf wurde das Volk gegen die katholische Geistlichkeit so aufgebracht, daß es ihre Wohnungen erbrach, sie beraubte und die Weinfässer zerschlug. Der Senat schützte den Clerus nicht eher, als bis derselbe 10000 Rthl. erlegte, und sich zugleich zu Steuern und bürgerlichen Abgaben anheischig machte. Die Geschichte nennt diese Begebenheit den Pfaffensturm.

§. 113.

§. 113.

Streit wegen des Maynzischen Hofs.

Der Erzbischof Albrecht von Maynz war über diesen Vorfall sehr unzufrieden, und brachte die Sache an den Kaiser, welcher auch der Stadt ohne Ausnahme auferlegte, daß sie die Abgaben mindern, und das Weinmaß wieder herstellen sollte. Hiezu kamen aber neue Streitigkeiten über die Erbauung des Maynzischen Hofs, in welcher der Senat Nachtheile für sich befürchtete. Man beschwerte sich mündlich bey den Maynzischen Beamten, und als diese dem Senate nicht beyfällig antworteten, that der Rath den Steinmetzen und Maurern selbst Einhalt, wodurch ein lanwieriger Proceß bey dem Kammergericht veranlaßt wurde.

§. 114.

Bauernaufruhr.

Die falsch verstandenen Grundsätze der Reformation veranlaßten 1525. den Bauernaufruhr, welchen auch Erfurt fühlte. Aus den Erfurtischen Dörfern kamen 11000 Bauern bewaffnet nach Erfurt. Sie verheerten und wütheten gegen alles, was den Römischkatholischen gehörte, vorzüglich den Maynzischen Hof, Kirchen, Klöster, auch Wohnungen der Geistlichen; sie nahmen aus der Marienkirche allein an 100 goldene und silberne Becher, auch aus den andern Kirchen die reichen heil. Geräthe, Statuen und Bilder. Drey Tage lang dauerten diese Verwüstungen fort, bis die Nachricht von der großen Niederlage der Bauern bey Frankenhausen ankam, worauf dieser Aufruhr nachließ und sich legte.

§. 115.

Sächsische Empfehlung der Reformation.

Von diesen Unruhen suchte auch der Senat Vortheil zu ziehen. Er nahm den silbernen Sarg des heil. Adalerius und Eobans auf das Rathhaus, und prägte Münzen daraus, welche unter dem Namen der Sargpfennige bekannt sind. Er ließ seinen Unwillen an den Clerus aus, indem er die Klöppel aus den Glocken nahm, damit nicht zur Kirche geläutet werden konnte. Nur in dem großen Hospital, zu St. Sever, und in den Klöstern war Kirche. Indeß ließ der Churfürst zu Sachsen durch die Herren von Thun und von Planitz in der Stadt und auf den Dörfern die Reformation empfehlen.

§. 116.

Augsburger und Hamelburger Convent.

Durch das Benehmen des Senats und der Stadt beleidigt, beklagte sich der Erzbischof von Maynz bey dem Kaiser über Erfurt. Dieser wieß die Sache an den Schwäbischen Bund, welcher sich vornehmlich mit wegen der Bauernunruhen vereinigt hatte. Es wurde auch zu Augsburg wirklich vorgenommen, aber erst auf den Convent zu Hamelburg 1530. ausgemacht, wo einige Aussöhnung zwischen Erfurt und Maynz erfolgte, und wo sich Erfurt zum Ersatze des Schadens wegen des Maynzischen Hofs, der Buden und der Auflagen, ihm 2500 Goldgulden zu zahlen, den Kirchen das Geraubte, in so fern es wieder zu bekommen wäre, binnen Monatsfrist zu ersetzen, für das blos Beschädigte oder Verderbte 1200 Mark Silbers zu erlegen, verschiedene bey den Unruhen zerstörte Wohnungen, und den Galgen wieder auf dem alten Platze zu errichten,

richten, in der Collegiatkirche und zu St. Peter die Römisch Katholische Religion öffentlich und ungestört ausüben zu lassen verstand; in Absicht der andern Kirchen aber wurde hier nichts ausgemacht. Einige andere Streitigkeiten wurden von dem Schwäbischen Bunde und durch Deputirte verhandelt; der Privatschaden der Geistlichkeit aber nur unter der Bedingung, daß die Interessenten es genehmigten, in den Vergleich eingeschlossen. Allein die Geistlichkeit war hiemit nicht zufrieden, genehmigte es also auch nicht, und es kam zur Klage bey dem Kammergericht.

§. 117.

Streitigkeiten mit Sachsen.

Mit Maynz war nun zwar Erfurt einigermaßen ausgesöhnt, dadurch aber zerfiel es mit Sachsen über das Geleitsrecht, indem Sachsen solches durch die Stadt verlangte, ingleichen über die Einlösung von Kapellendorf und die streitigen Grenzen von Mühlberg und Wassenburg 1533. Die Erfurter vergriffen sich an einem sächsischen Herold oder Geleitsmann, rissen ihm den weißen Stab, sein Amtszeichen, aus den Händen, und führten ihm auf das Rathhaus. Sachsen empfand diese Beleidigung sehr übel, bemächtigte sich einiger Erfurter Bürger, und versperrete die Straßen nach Erfurt. Endlich aber kam es noch 1533. zu einem Vergleiche zu Leipzig, worinn ausgemacht wurde, daß der sächsische Herold oder Geleitsmann bis zur Wohnung der hohen Standespersonen und sonst ungehindert vorreiten solle; die Stadt aber selbige sodann in Empfang nehmen wolle; Sachsen solle das Wiedereinlösungsrecht von Kapellendorf anerkennen. Wegen der Grenzen wolle man den

Weg Rechtens wählen, und den Schaden gegen einander aufheben.

Falkenstein 599—604.

§. 118.
Tag zu Mühlberg.

Um eben diese Zeiten wurden auch die Streitigkeiten mit den Grafen von Gleichen über die Lehne auf einem Tage zu Mühlberg geschlichtet; die Grafen gaben hier mehrere Güther in Gispersleben, Ollendorf, Zimmern und Azmannsdorf zu Lehn für 3400 fl. erließen dem Rathe den Lehneyd, erneuerten die weiblichen Lehne, erließen die Lehnsdienste davon, so wie sie auch dem Rathe die Gerichtsbarkeit abträten. Dagegen zog Sachsen Rudelstadt für sich ein, indem die Stadt mit der Marianischen Geistlichkeit darüber stritt.

Guden. 220.

§. 119.
Beschwerde zu Torgau.

Bald erhoben sich neue Streitigkeiten mit Sachsen über landeshoheitliche Rechte. Churfürst Johann Friedrich von Sachsen aber lud die Stadt auf den Landtag; schrieb eine neue Kirchenordnung vor, verlangte Steuern, bezog sich auf die Lehnsverhältnisse, forderte Miliz von ihr, und nahm Appellationen an. Erfurt beschwerte sich über einige dieser Punkte auf dem Landtag zu Torgau, wo man sich über einige dieser Gegenstände verglich.

s. Kurzgefaßte gründliche Nachricht von Weinrich.
Iustitia protectionis saxon.

§. 120.

§. 120.
Schmalkaldischer Krieg.

Indessen betraf nun auch der Schmalkaldische Krieg die Gegenden um Erfurt, und die Truppen des Churfürst Moriz von Sachsen verwüsteten solche 1547. Carl V. forderte ansehnliche Kriegssteuern von der Stadt, allein Maynz verwendete sich für sie, und bewirkte, daß anstatt 100000 fl. nur zwanzig tausend erlegt wurden. Bey Gelegenheit des Magdeburgischen Corps wurde die Stadt veranlaßt ihre Vestungswerke auszubessern und ihr Stadtmilitaireinrichtung zu mustern. Zu gleicher Zeit aber erhielte sie 1555. durch einen Vergleich mit dem gebornen Churfürsten von Sachsen Rudelstadt wieder, welches aber bald darauf aus neuen Ursachen wieder in sächsische Hände kam.

Sleidanus. 23.

§. 121.
Einfluß der Reformation.

Allmählig hatte nun auch die Reformation auf die Universität gewirkt, obgleich die Evangelisch Lutherischen von den Universitätsstellen bisher ausgeschlossen waren. Die hierüber entstandenen beständigen Streitigkeiten hatten die Universität fast gänzlich zerrüttet. Die Juristenfakultät war 14 Jahre so gut als gar nicht, andere noch länger ganz unthätig. Allein seit 1555. wurden die Lutheraner immer mächtiger, und man fing nun an die Professoren ohne Rücksicht der Religion anzustellen; nur die theologische Fakultät erhielt sich ganz Römischkatolisch. Auch der Senat bemühete sich, die Evangelische Glaubenslehre mehr zu begründen, indem er

1561.

1561. die Augustiner aufhob, und eine Rathsschule in ihrem Kloster errichtete.
Guden. 222.

§. 122.

Passauer Vertragsstreitigkeiten.

Zu dem Behufe bemühete sich auch Erfurt durch eine ausdrückliche Erwähnung und Bestimmung in dem Passauer Vertrage, in ihrem Religionsstande gesichert zu werden; allein Churmaynz setzte sich gegen diese Bemühungen. Daher wandte sich Erfurt an Chursachsen, welches sich auch für Erfurt hierinnen viel Mühe gab; so daß sich Erfurt in der Folge doch mit der Ferdinandeischen Erklärung in etwas gegen die Römischkatholischen zu sichern wußte.

§. 123.

Streit über das Geleitsrecht mit Weymar.

Während diesem fielen auch Streitigkeiten zwischen Sachsen-Weymar und Erfurt über das Geleitsrecht vor; auch verwebte die wegen des Kostenaufwandes auf die Grumbachschen Händel zu Erfurt gehaltene Versammlung den Namen dieser Stadt in die Geschichte derselben. Für die Stadt selbst aber wurde das Jahr 1576. durch Abbrennung der Kramerbrücke, worauf viele Buden standen, traurig; diese kamen nachher auf die lange Brücke, welche nach drey Jahren auch ein Raub der Flamme wurde.

§. 124.

§. 124.
Religionsunruhen.

In der Folge hingen die Religionsunruhen häufig von den Gesinnungen des Senats ab; so waren 1577. mehrere in dem Rathe gegen die katholische Religion, daher die große Procession mit dem Allerheiligsten nicht gestattet wurde. Die Römisch Katholischen beschwerten sich zwar über diese Beeinträchtigung der Religion, sie vermochten aber nichts gegen das Uebergewicht der Lutheraner, und hielten daher sechs Jahre lang ihren Umgang in dem Gottesacker zu St. Martini. Hierzu kamen noch die Unruhen wegen des Thores, welches die Marianische Geistlichkeit zu Verschließung ihrer großen Treppe anlegte, und welches 1579. bestürmt und niedergerissen wurde.

§. 125.
Einschränkung der Römisch Katholischen.

Der Senat suchte die Römisch Katholische Religion immer mehr und mehr einzuschränken. Er nahm 1583. ihnen die Parochialkirche St. Wiprecht nebst den Wohnungen der Geistlichen. Der Erzbischof Wolfgang von Maynz forderte zwar die Rückgabe; allein der Senat behauptete, die Kirche gehöre den Bürgern, welche sie erbauet hätten, diese wären jetzt Evangelisch. Hiezu kam die Kalenderabänderung durch den verbesserten Gregorianischen Kalender, welcher im Namen des Kaisers zu Erfurt am 2. November 1583. zwar bekannt gemacht, aber von dem Senat nicht angenommen wurde; vielmehr ließ der Rath ein eigenes neues Mandat anschlagen, den alten beyzubehalten, und verfuhr sogar mit Ge-

E 4   fängniß-

fängnißstrafe gegen Einige, welche ihn annahmen. In Absicht der Wiprechtskirche befahl zwar der Kaiser die Restitution, allein der Senat widersetzte sich lange, bis sie endlich doch erfolgen mußte, wo aber der Senat das Priesterhaus behielt. Andere Streitigkeiten erhoben sich über das weggenommene Augustinerkloster, über die Appellationen, welche von Einigen nach Maynz geschahen, die der Senat aber ernstlich untersagte, über die Reformation der Kirchendisciplin in dem Dominikanerkloster welcher sich ebenfalls der Senat widersetzte.

§. 126.

Jesuitenunruhen.

So entstanden auch anderweitige Unruhen über den von Maynz nach Erfurt gesendeten Jesuiten Schilling, welcher zwar endlich allem Widerstreben, wodurch Unruhen veranlaßt wurden, weichen mußte; indessen war er doch ein Vorläufer der Jesuiten überhaupt, welche in dem folgenden Jahrhunderte 1601. nach Erfurt kamen, allmählig durch Verhältnisse einen Fond bekamen, 1604. die Ordenskleidung anlegten, und vom Erzbischof Schweikard 1615. ein regulirtes Kloster erhielten, so daß endlich aus einer Mission eine Residenz, und zuletzt ein Collegium der Gesellschaft entstand.

Guden. 224. 225.

§. 127.

Convent zu Arnstadt.

Bey diesen Streitigkeiten hielt sich Erfurt immer vorzüglich an Sachsen, und verließ sich fast ganz auf dasselbe. Im Vertrauen auf dieses

ses errichtete der Senat Zünfte, und bestätigte sie; er verweigerte Maynz das Einlösungsrecht von Mühlberg und Tondorf. Der Erzbischof trat daher seine Rechte an Sachsen ab, daß es solche einlöse, und nach vierzigjähriger Benutzung, gegen Ersatz des Preißes, ihm wieder abtrete. Ob nun schon Erfurt auch darüber Beschwerden äußerte, so nahm Sachsen doch Mühlberg und Tondorf in Besitz. Indessen wurde deßhalb ein Convent zu Arnstadt gehalten, wo vorzüglich ein Entwurf zu einem Compromiß gemacht wurde.

§. 128.
Verlangte Reichsunmittelbarkeit.

Erfurt konnte immer den Gedanken von Reichsunmittelbarkeit nicht aufgeben, sondern suchte ihn von Zeit zu Zeit hervor; daher wollte es auch jetzt ihn dadurch wieder behaupten, daß es seine Steuern 1594. unmittelbar an das Reich erlegen wollte, und berief sich deßhalb auf einige ältere Fälle; es verlangte auch deßhalb in die Obersächsische Kreismatrikul eingetragen zu werden. Allein es konnte seine Absicht nicht erreichen.

§. 129.
Religionsfreyheit.

Mit mehrerem Rechte war Erfurt bedacht, vorzüglich seine Religionsfreyheit zu begründen. Es errichtete daher ein eigenes Ministerium, welches aus Evangelischen Predigern und einigen Rathsdeputirten bestand, und vorzüglich über Ehe- und Gewissenssachen entscheiden sollte, welches auch 1615. zu Stande kam.

§. 130.
Eydesweigerung.

Mit Sachsen fielen einige Mißverständnisse im Jahre 1615. bey dem Antritte des Herzogs Johann Ernst vor, indem Erfurt unerwartet wegen des Huldigungseydes einige Schwierigkeiten machte; allein Sachsen bewieß ihm die Nothwendigkeit, theils wegen der Lehen, theils auch wegen dem besondern Schutz und Schirm und übrigen Landesverhältnisse und Gerechtsame, daß sich Erfurt bequemte. Außerdem hatte es auch mit Maynz Streitigkeiten über das Weichbild und über verschiedene Grenzen, welche aber nicht gehörig entschieden wurden.

§. 131.
Die dreyßigjährige Kriegsunruhen.

Die Unruhen, welche Deutschland dreyßig Jahre lang verwüsteten, trafen auch Erfurt, welches auch noch außerdem durch innere Zerrüttungen sehr litte. Es hatten nehmlich zwey Rathsmeister, Brückner und Förster, es dahin eingeleitet, daß am Ende des Jahres einer dem andern die Regierung übertrug, da doch fünf Collegien im Senate waren, welche in so viel Jahren abwechseln sollten. Gleichwohl hatte dieses Duumvirat vier Jahre gedauert; jetzt aber war man durchaus dawider, und verband sich, die alte Regierungsform wieder herzustellen, welches auch geschahe.

§. 132.

Die Beschwerden des dreyßigjährigen Kriegs trafen indessen Erfurt sehr. Die Kipper und Wipper steigerten den Werth eines guten Thalers

lers bis zu 12 Gulden; der Erfurter Malther
Korn stieg auf 120 fl. und 1 Pfund Brod zu 2
Groschen. Hiezu kamen auch noch die vielen
Kriegssteuern, da Erfurt 1626. anstatt geforderter
100000 fl. wenigstens 60000 fl. erlegen
mußte. Im Jahre 1626. mußte die Stadt die
Einquartierung von 8000 Mann mit 450000 Rtl.
abkaufen, und in eben dem Jahre raffete die
Pest 3474 Menschen weg. Bey diesen Uebeln
suchte sich der Rath zu Erfurt zwar durch Ausprägung
leichterer Münzen zu helfen, allein Churfachsen
und der obersächsische Kreiskonvent untersagten
ihm solches ernstlich; und verwarfen
die Ausflüchte Erfurts, welches sich auf ein Privilegium
bezog.

f. Falkenstein S. 690. 694 und 698.
Müllers Annalen 324 und 336.

§. 133.

Indessen wußte es Erfurt durch sein klügliches
Benehmen, vorzüglich durch D. Schwind
und die Geistlichkeit, doch abzuwenden, daß sich
Tilly nicht zu Erfurt gegen die Schweden festsetzte.
Hiezu kam die Schlacht bey Leipzig, welche
dem Kriegsplane eine glückliche Wendung
für die Verbundenen gab, wodurch Erfurt vor
vielen Uebeln geschützt wurde. So bald Tilly
sich indessen weggezogen, suchte Erfurt sogleich
Schwedische Besatzung, und behielt selbige bis
zum Prager Frieden.

§. 134.

Allein kaum hatten die Schweden Erfurt
geräumet, so forderten die Römisch Katholischen
von den Evangelisch Lutherischen die ihnen gegebenen
katholischen Pfarreyen, vermöge des Restitutions-

stitutionsedikts, wieder; sie mußten auch solche wieder abtreten, und der Rath wurde die eingezogenen Klöster zum Theil wieder zu räumen genöthiget. In dem Fortgange des Krieges sahe Erfurt den großen Gustav Adolf, und den Herzog Bernhard oft in seinen Mauern; immer suchten die streitenden Partheyen Erfurt vorzüglich zu besitzen, bis es endlich dem schwedischen Feldherrn Banner gelang, die Stadt zu behaupten, welcher deshalb noch Einrichtungen machte, die Stadt vom Cyriaksberge aus im Gehorsam zu erhalten.

Falkenstein Historie der Stadt Erfurt S. 728.

§. 135.

Westphälischer Friede.

Der Westphälische Friede endigte Deutschlands verheerende Kriege. Erfurt suchte bey den Friedensverhandlungen mit zu wirken und als Reichsstadt dabey zu erscheinen. Es schickte deshalb auch zwey ansehnliche Männer, Hallenhorst und Geißler, als Abgesandte dahin, ließ sich es auch sonst viel kosten. Allein Sachsen wegen seiner Gerechtsame, und auch Maynz vereitelte diese Absicht *), obschon Erfurt sich hierüber, jedoch ohne Erfolg, beschwerte. Außerdem widerlegte auch Sachsen noch besonders die Maynzischen Aeußerungen und Absichten**), in Schriften 1647.

Bey dieser Gelegenheit erschienen mehrere Schriften. Man findet sie theils in

Kreysigs historische Bibliothek von Obersachsen S. 253.

Catalogus librorum H. G. Frankii, Lipf. 1784. T. I. p. 148—152.

Lunig Bibliotheca deductionum P. I. 348.

*) Aus-

*) Abdruck des summarischen Berichts ꝛc. 1646.

**) s. des Kur- und Fürstl. Hauses Sachsen unvermeidliche und gegründete durch das hochlöbl. Erzstift Maynz vermittelst der unlängst in loco tractatuum Pacis ad Dictaturam gebrachte vermeynte Deduction veranlaßte Anzeigen und Gegeninformation. 1647. Fol. und 4to.

Nothwendige Gegenanzeigen ꝛc. 1647.

Nothwendige Information und respektive Protestation des Chur- und Fürstl. Hauses Sachsen. Weimar 1649.

§. 136.
Maynz tritt mit seinen Absichten näher hervor.

Bald nach dem Westphäl. Frieden, suchte nun Maynz seine Absichten gegen Erfurt vorzüglich auszuführen. Der Bischof von Würzburg, Johann Philipp, war auf dem Maynzischen Stuhl gediehen; er wirkte eine kaiserliche Commission auf Erfurt aus, um die Verhältnisse zwischen Erfurt und Maynz zu untersuchen. Sie wurde auch wirklich Bamberg und Würtenberg aufgetragen, und es kamen deshalb 1649. verschiedene Räthe der beyden Commissarien an. Allein man wußte von Seiten Erfurts ihnen mehrere Hindernisse und Schwierigkeiten entgegen zu setzen; auch hinderte sie die noch daselbst vorhandene Schwedische Besatzung, so daß sie ganzer sechs Wochen unthätig blieben und nichts anfangen konnten.

§. 137.

§. 137.

Innere Unruhen und Commission.

Hiezu kamen noch neue innere Unruhen, indem sich die Bürger beschwerten, daß der Senat die Regierungsform, welche zu Anfange des verflossenen Jahrhunderts eingeführt worden, nicht beobachte. Die Bürger verlangten daher die Wiederherstellung der alten Gesetze. Die Sache gediehe bis an den Kaiser, und nun fand es der Senat auch der Klugheit gemäß, auch seine Beschwerde gegen die Bürger anzubringen. Die Untersuchung dieser Angelegenheiten wurde von dem Kaiser einer Commission übertragen. Hierbey schwieg Sachsen aber um desto weniger stille, sondern berief sich auf seine Landeshoheit, und forderte deshalb, daß man auch sein Urtheil und seine Rechte hören müsse.

§. 138.

Die Commissarien untersuchten nun die Erfurtische innere Regierungsverfassung, und fanden, daß einige Mächtigen unter den Namen der Aeltesten die Regierung der Stadt an sich gezogen, daß sie den übrigen Rath fast ganz ausschlössen, mit ihren Familien denselben fast allein besetzten, und daß dieses vorzüglich mit Ursache von den Streitigkeiten und Unruhen wären; daher wurde hierinn eine Aenderung gemacht.

§. 139.

Es erschienen auch von Seiten Maynz einige Räthe vor der Commission, welche den Antrag thaten, man möchte in der Kirche mit für Maynz beten. Allein der Senat widersetzte sich diesem Verlangen, eine Parthey unter den Bürgern

gern aber, welche Mayntzisch gesinnt war, schien dazu geneigt zu seyn.

§. 140.

Um die bisherige Streitigkeit zwischen dem Senat und der Bürgerschaft theils genauer untersuchen, theils heben zu können, mußten beyde Partheyen Deputirte ernennen. Der Senat bestimmte hierzu Hallenhorsten, Bergern und Geißlern, die Bürger aber ihrer Seits Silberschlagen und Limbrechten. Hierzu kam noch von Seiten des Raths Kniphof, und von der Bürger Seite Brettinus. Die Bürger beschwerten sich, daß die Senatoren nichts zu den Abgaben beytrügen; daß die Gemeinen von der Raths- und Kämmererstelle ausgeschlossen würden. Der Senat vertheidigte sich nun zwar. Allein die Commission entschied für das Volk. Silberschlag wurde hierauf den Consulen mit gleichem Rechte und Range beygesetzt, Hallenhorst und Geißler aus dem Senate verwiesen, auch der Senat zu den Unkosten wegen der Verzögerung und dem der Commission verursachten Aufenthalte verurtheilt, welches 1652. auch der Kaiser genehmigte.

§. 141.

Streitigkeiten über die Vierherrenwahl.

Die Commission ging nun zwar ab, allein die Streitigkeiten waren noch nicht ganz beygelegt, denn die Wahl der Vierherren und der Steuereinnehmer war noch nicht entschieden. Hierüber gingen die Unruhen von neuem an. Die Bürger verlangten zehn Stimmen bey der Rathsbesetzung, der Rath hingegen wollte ihnen gar keine zugestehen, so wie er auch mehrere Ge-
recht-

rechtſame wieder auszuüben ſich bemühete, und verſchiedene Streitigkeiten mit Maynz veranlaßte. Maynz wendete ſich wieder an den Kaiſer, welcher eine Commiſſion ſchickte, die die Partheyen hörte, und in den Jahren 1654 und 1655. die Art und Weiſe beſtimmte, wie die Vierherren ſowohl als die Senatoren gewählt werden ſollten.

§. 142.

Wahl der Vierherren.

In Abſicht der Wahl der Vierherren wurde feſtgeſetzt, daß die Vorſteher der Viertel und der Zünfte die Bürger zuſammenriefen, ihre Stimmen ſammelten und ſolche den Vierherren brächten. Dieſe mußten die Conſulen zur Wahl einladen. Hierauf wurden dieſe Candidaten, welche die meiſten Stimmen hatten, zur letzten Wahl ausgehoben, und mit 52 Stimmen daraus der oberſte Vierherr für das kommende Jahr gewählt. Bey der Wahl der Senatoren hingegen ſollten die Conſulen und Vierherrrn die Wahl der Viertels- und Zunftmeiſter bekannt machen, dieſe acht Perſonen aus den Gemeinen und den größern und kleinern Innungen abſenden, welche im Namen der Bürger der Wahl beywohnten und im nöthigen Falle beſcheidene Vorſtellungen machten.

§. 143.

Anfang der Limbrechtiſchen Unruhen.

Bey Erwählung der Vierherren fiel nun die Wahl auf Volkmar Limbrechten, der ehemals ein Schullehrer und nachmals Kämmerer war; ein ſchlauer ehrſüchtiger und beredter Mann. Er ſuchte das Volk durch Gefälligkeit zu gewinnen,

nen, desto mehr aber hassete ihn der Senat, und seine niedere Herkunft vermehrte dessen Haß. Indessen erhielt er sich doch vier Jahre bey dem Regimente. Als nun 1659. die Wahlzeit kam, und Limbrecht noch das fünfte Jahr verlangte, so wendete er sich an den Kaiser und an Maynz. Der Senat suchte die kaiserliche Commission abzuwenden, und Maynz durch allerhand Versprechungen einstweilen zu beruhigen, so daß es auch 1660. zu einem Vergleich zu Schwalbach kam, den aber der Senat nicht beobachtete.

§. 144.

Kaiserliche Commission.

Der Churfürst von Maynz wendete sich abermals an den Kaiser, welcher den Baron von Schmidburg, einen Protestanten, als Commissar sandte. Dieser setzte Limbrechten auch für das fünfte Jahr wieder ein, so wie er auch die fünf Collegien oder Gänge des Senats auf viere einschränkte. Auch veranlaßte eine Gebetsformel, welche Limbrecht auf Veranlassung von Maynz angegeben, mehrere Streitigkeiten. Der Rath ließ mehrere Responsa darüber einholen, und hielt die Formel für nachtheilig für sich und die Stadt von Seiten Chur Maynz; vorzüglich auch, weil dadurch Sachsen beleidigt würde. Mehrere von dem Senate und dem Volke und auch das Ministerium, waren sehr dagegen, und es erschien 1661. eine Vorstellung desselben. Es kamen bald darauf auch schriftliche Erklärungen von Sachsen, welche dem Rathe sehr ernstliche Vorwürfe darüber machten, und es ihm verwiesen, daß er sich nicht sogleich anfangs insgesammt nachdrücklich widersetzt hätte. Man bestand von Seiten Sachsens darauf, die Formel nicht anzunehmen,

oder,

oder, in sofern man sie angenommen, selbige wieder zu verwerfen, und für die Sächsischen Fürsten nach wie vor zu bitten. Eben dieses äusserte auch der sächsische Gesandte gegen den kaiserlichen Commissar von Schmidburg.

§. 145.

Sächsische Vermittelung.

Die Streitigkeiten und Verbitterungen wegen dieser Formel für Maynz wuchsen immer mehr und mehr, je zudringlicher der Stadtschultheiß Papius und die Maynzischgesinnten hierbey waren, und je mehr Limbrecht auf kaiserlichen Schutz sich steifen zu können meynte. Der Senat wendete sich an Sachsen, um durch dessen Ansehen und Schutz sich zu sichern, welches auch durch eine neue Vorstellung bey dem kaiserlichen Hofe die Erfurter unterstützte. Allein der kaiserliche Hof war für Maynz gegen Erfurt eingenommen, und es erfolgten 1662. neue geschärfte Verordnungen. Indessen verstrich die aufgegebene Frist, ohne daß Erfurt sich weiter darnach richtete. Vielmehr schlossen die wenigen, in deren Händen die Regierung war, einen Einigkeitsreceß unter sich, und bewogen mehrere zur Unterschrift, Limbrecht aber wußte die Unterschrift von seiner Seite durch allerley Vorwände immer abzulehnen; die Geistlichen benutzten ihren Einfluß bey dem Volke, und stellten ihm die Gefahr vor, worinnen Religions- und politische Freyheit sey. Endlich wurde im Senate beschlossen: nichts ohne Vorwissen von Sachsen zu thun.

§. 146.

§. 146.

Abermalige Commission.

Sachsen suchte nun durch seine Vorstellungen am kaiserlichen Hofe eine abermalige kaiserliche Commission abzuwenden, und zeigte, daß sie zweckwidrig und kostspielig sey; daß die Beschwerden in einem ordentlichen Processe ausgeführt werden könnten; daß Sachsen seine Rechte über die Stadt zu schützen wissen würde u. s. w., worauf sich auch Maynz erklärte, daß es den Rechten von Sachsen nie zu nahe treten werde. Demungeachtet aber erschien doch eine kaiserliche Commission auf Maynzische Veranlassung, welche dem Rathe und Volke Befolgung der vorigen Commissorialischen Verordnungen auflegte, und vorzüglich auf Wiedereinsetzung des Hallenhorst und Kniphofs drang, welche die erste Commission doch aus dem Rathe ausgeschlossen. Aber von Seiten Erfurts kehrte man sich ebenfalls weiter nicht daran. Es erschienen sächsische Gesandten, welche Vermittelung treffen wollten; allein die Commission machte allerley Schwierigkeiten. Indessen ermunterten die sächsischen Gesandten die Stadt zur Standhaftigkeit, und daß sie ohne Rücksprache mit Sachsen nichts thun sollte; versprachen die thätigste Unterstützung, und protestirten in besondern Schreiben gegen alles nachtheilige Verfahren. Die Commission aber und Maynz widersprachen und verlangten die Vollziehung der kaiserlichen Befehle, und die Commission erkannte den Urhebern der Unruhen eine Strafe von 50 Mark löthigen Goldes zu, welche sie aus ihrem eigenen Vermögen und nicht aus der Stadtkasse erlegen sollten.

§. 147.

§. 147.

Limbrechtische Unruhen.

Jetzt wurde nun das Volk äußerst aufgebracht, und mehrere Rathsglieder unterstützten diesen Zorn des Volks; die Wuth stieg immer mehr und mehr, so daß selbst Sachsen den Erfurtern zuredete, sich gegen die kaiserliche Commissarien zu mäßigen, indem diese dabey selbst in Gefahr kamen, da man schon die Häuser derselben besetzte, zum Glück entkamen sie, und flüchteten nach Arnstadt, und von da weiter nach Mühlhausen. Das Volk kehrte nun seine Wuth gegen Limbrecht, welcher ihm immer verhaßter geworden war, indem es ihn als die Hauptursache der Unruhen und auch wegen der Händel über das Kirchengebet ansahe, man schleppte ihn auf das Rathhaus, und von da ins Gefängniß, man höhnte und spottete über den kaiserlichen Schutz seiner Person.

§. 148.

Der Kaiser befahl von neuem bey Strafe der Acht und Aberacht, bey Verlust des Vermögens und aller Privilegien, zu gehorchen; allein das Volk jagte den Notar, welcher den Befehl bekannt machte, mit Schmähreden und Schlägen fort. Der Rath schob alle Schuld auf das Volk, und stellte sich nun an, als wolle er die kaiserlichen Befehle vollziehen. Allein nun widersetzte das Volk sich ihm selbst äußerst; und man hielt kaiserlicher Seits dafür, daß der Rath diese Widersetzlichkeit des Volks im Stillen begünstige. Das Volk sperrete die Kirchen, und schimpfte auf den Senat. Der Burgemeister Berger und der Stadtsyndikus Avian suchten sich zwar des Krämpfer Walls zu bemächtigen,

und

und nahmen einige hundert Landleute zu Hülfe, allein sie wurden zurückgeschlagen, und das Haus und die Gärten des erstern fast ganz zerstöhrt.

§. 149.

Achtserklärung.

Maynz trug nun bey dem Kaiser auf die Achtserklärung selbst an; die kaiserliche Commission genehmigte auch dieses Gesuch von Mühlhausen aus. Und die Achtserklärung geschahe durch einen Herold und Notar unter Begleitung von fünf Trompetern und zwey Hatschieren. Der Senat machte mehrere Vorstellungen, er sey übereilt und nicht gehört worden. Der Rath warnte den Herold, welchen man vor der Stadt empfing, vor der Wuth des Volks, als er die Achtserklärung ablesen wollte, und bat, er möge es verschieben. Allein er ließ sich nicht hindern, sondern las fort; auf einmal riß das Volk einen Hatschier vom Pferde, bemächtigte sich der Dokumente, und mißhandelte ihn. Eben so mißhandelte das Volk den Herold, und behauptete, er sey kein wahrer vom Kaiser wirklich abgeschickter Herold, weil er nicht das gehörige Gefolge und Kleidung habe; und man mußte ihn durch die Stadtwachen in Sicherheit bringen, wenn man ihn nicht auf das grausamste vom Volke ermordet sehen wollte.

f. Acta Declarationes banni contra Erfurtum, in des Londorps Actis 1777. S. 936—956.

§. 150.

Durch die Mißhandlung des Herolds war nun die Lage von Erfurt sehr verschlimmert worden, und Maynz ergriff alles dieses begierig, um um seine Absichten zu erreichen; Es stellte alles, was Erfurt in dieser verzweifelten Lage that, als Ungehorsam vor, ja Maynz wußte es sogar dahin zu bringen, daß die Achtsvollstreckung, welche eigentlich der Reichsverfassung gemäß dem Director des obersächsischen Kreises, Chur-Sachsen, gehört hätte, ihm selbst aufgetragen wurde.

Statistik.

§. 151.
Gebiet, Cultur und Produkte.

Das Gebiet von Erfurt hatte in diesem Zeitraume einige Veränderungen gelitten. Mühlberg und Tondorf ward wieder eingelößt; eben dieses erfolgte auch mit der so genannten Grafschaft an der schmalen Gera 1484. Das Amt Kapelndorf so wie Rudelstadt kam an Sachsen, Waltersleben, Röhrborn, Gispersleben, Bischloben und Rödigen aber waren die neuen Erwerbungen der Erfurter in diesen Zeiten.

In der Cultur und Produktion auch Gewerben waren immer noch vorzüglich Farbe und Gewürzpflanzen und Küchenkräuter die Hauptsache, welche auch mit einigen Arten aus Italien vermehrt wurden. Unter den Farbekräutern war vorzüglich Waid, Safflor, und unter den Gewürzpflanzen Anis beträchtlich, dennoch fing seit dem 16ten Jahrhunderte der große Waidhandel durch den haufenweis herbeygeführten Indigo an zu fallen; wozu noch kam, daß die Waidbehandlung allgemeiner bekannt wurde, und in den unruhigen Zeiten viele Leute aus den Gegenden

weg-

wegzogen und diese Geschäfte mit sich wegnahmen und anderswo betrieben, auch daß man nicht über die Erfurter Waidprivilegien genugsam hielt. Dem Safflorbau schadete der Strasburgische und türkische Safflor sehr, zumal da sich die Erfurter anfingen eine und die andere Vermischung bey dem Safflor zu erlauben.

D. Daniel Gottfr. Schrebers historisch-physikalisch-ökonomische Beschreibung des Waids, dessen Baues und Zubereitung ꝛc. Halle 1752. 4.

Galetti Geschichte von Thüringen S. 135.

§. 152.
Bevölkerung.

Erfurt war durch seinen Handel immer noch sehr volkreich, die Unruhen und die große Sterblichkeit bey epidemischen Vorfällen liefern hierzu die besten Beweise; immer findet man hier beträchtliche Zahlen. Einigen Antheil hat auch der Flor der Universität in dieser Periode an der ansehnlichen Volkszahl.

§. 153.
Gewerbe und Handlung.

Mit dem Ende des funfzehnten Jahrhunderts scheinen Gewerbe und Handel zu Erfurt ihre vorzüglichste Höhe und Flor erreicht zu haben; noch im Anfange des sechszehnten Jahrhunderts bemerkt man dieses. Aber seitdem sanken sie mit schnellen Schritten. Die Ursachen davon liegen vorzüglich in dem Verfalle des Haupthandels, in dem erschütterten Credit der Erfurter, in den vielen Unruhen und Zerrüttungen der Stadt, und in dem Steigen des Leipziger

ger Handels. Der Waidhandel *) fiel mit der abnehmenden Cultur, da der Indig so häufig und so wohlfeil herbey geführt und benutzt wurde, und konnte durch alle reichsgesetzlichen Verordnungen gegen den Indig nicht behauptet werden. Eben so ging es mit dem Safflor und dem Handel damit, worüber allein 23 Gesetze vorhanden waren. Die mehrere Befestigung des Landfriedens eröffnete dem Handel so manche andere Straße, welche vorher nicht sicher war. Ungeachtet des neuen Meßprivilegiums von 1473., welches sich jedoch nur über einen Bezirk von 4 Meilen erstrekte, wurde Leipzig für Erfurt bey den Umständen Erfurts immer gefährlicher. Maximilian I. verlegte die Messe von Misericordias und Trinitatis auf das Pfingstfest und den Martinstag, schränkte aber jede auf 14 Tage ein, und das Ausschließungsrecht setzte er nur auf 2 Meilen. Beträchtlichen Eintrag aber that dem Erfurter Handel das von Maximilian I. (weil Erfurt seinem Handel selbst zu sehr schadete) Leipzig acht Jahre nachher verliehene Privilegium, welches sich auf 15 Meilen im Umkreise erstreckte. Maximilian I. hob endlich alle den Erfurtern verliehene Privilegien auf und erklärte alle künftig verliehene, wenn sie der Stadt Leipzig nachtheilig wären, für ungültig. Durch die beständigen innern Unruhen und den sinkenden Kredit und Wohlstand gab Erfurt vorzüglich hierzu Anlaß, daß der Handel einen andern Gang suchte und Maximilian diesen also mehr unterstützte. Außerdem aber beförderte die Weisheit der sächsischen Fürsten durch neu angelegte Straßen den Handelszug in ihre Lande.

S. v. Dalberg Beyträge zur Geschichte der Erfurter Handlung S. 2 und 26.
*) Wie beträchtlich der Waidhandel von Thüringen

ringen überhaupt gewesen, s. D. Schrebers hist phys. ökon. Beschreibung des Waids S. 34. Wo er sagt, daß nach aktenmäßigen Nachrichten 3 Tonnen Golds für Waid nach Thüringen gegangen.

§. 154.

Wohlstand.

Durch viele Unglücksfälle und Strafen, durch Verschwendung, und überhaupt durch den seit dem 16ten Jahrhunderte sinkenden Handel wurde Erfurts Wohlstand sehr geschwächt, der Credit und die Revenüen der Stadt nahmen mehr und mehr ab, so daß letztere bey weitem nicht mehr zu den Schulden und den davon zu erlegenden Zinsen hinreichten.

§. 155.

Religions- und Kirchenverfassung, auch Charakter.

Die Religion und Kirchenverfassung war bis 1517. die Römischkatholische. Allein bald nach dem Anfange der Reformation breitete sich die Evangelischlutherische Lehre auch in Erfurt schnell aus, so daß sie schon 1521. viel Beyfall hatte. Sie wurde von dem Senate begünstiget, und die Evangelischen erhielten durch ihn die Wieprechtskirche, das Augustinerkloster verwandelte er in eine Rathsschule. Die Evangelischlutherischen wurden seit 1561. zu Universitätsstellen und andern Aemtern zugelassen. Der Rath sorgte 1615. für ein Evangelisches Consistorium, welches aus der Geistlichkeit und einigen Rathsdeputirten errichtet wurde, und über Ehe- und Gewissenssachen entschied; auch wurde de sonst den Römischkatholischen mehreres entzogen, ob sie schon in der Folge durch das Restitutionsedikt eins und das andere wieder erhielten. Bey der Römischkatholischen Religionsverfassung ist hier auch zu bemerken, daß sie durch die Jesuiten, welche 1589. daselbst ankamen, einen neuen Zuwachs erhielt, wiewohl sie erst im 17ten Jahrhunderte Residenz und ein Collegium erlangte. In Absicht der Kirchenhierarchie gehört übrigens die Römischkatholische Kirche und Kloster unter dem Maynzischen Sprengel, über die Evangelisten aber war die geistliche Gerichtsbarkeit suspendirt.

Der Charakter zeichnet sich hier im Ganzen mehr durch nachtheilige als vortheilhafte Eigenschaften aus. Man findet Leichtsinn und Aberglauben, Hang zu ausschweifender Sinnlichkeit, und daher Unmäßigkeit in Gastereyen und Trunk und Luxus, und zu Pracht, Glanz und Ueppigkeit. Eine falsch verstandene Freyheitsliebe, und daher Hang zu Unruhen und Aufruhr; oft Grausamkeit und Unmenschlichkeit gegen die Feinde, und eine oft kaum zu sättigende Rachsucht. Aber bey diesen nachtheiligen Eigenschaften zeigt sich immer noch der kriegerische und unternehmende Geist von Erfurt, Neigung zu starken Leibesübungen, zur Jagd und Krieg, Muth und Kühnheit.

§. 156.

Wissenschaften und Künste.

Nach Maaßgabe der damaligen wissenschaftlichen Cultur liefert die Universität zu Erfurt nicht wenig für die Künste und Wissenschaften. Man findet daher schon im 15ten Jahrhundert daselbst Männer von Namen, den Theolog Wesel, Vesalia

salia genannt; Johann von Hagen, der hundert Bücher schrieb, den Niccolaus Sighem und verschiedene ungenannte Chronicisten. Eobanus Hessus und Camerarius waren auch eine Zeitlang zu Erfurt, und selbst Luther bildete sich hier. Justus Jonas, Johann Goldschmidt, vorzüglich verdienen auch Ambrosius Schurer als Rechtsgelehrter, und Brückner und Göden unser Andenken, welcher erstere 1561. die Juristenfakultät, nachdem sie an 50 Jahre fast ganz darniedergelegen, wiederherstellte. Die Universität war übrigens im 15ten Jahrhunderte und zu Anfange des 16ten eine der ansehnlichsten in Deutschland. Das Collegium saxonicum erhielt sie 1520. Allein verschiedene Menschensterben in den Jahren 1529. 1540. 1564. 1578. und Tumulte, namentlich der Pfaffensturm und Bauernkrieg, erschütterten ihren Wohlstand. Hierzu kamen die Streitigkeiten unter den Lehrern, am meisten aber schadete das Bestreben die Evangelischen Lehrer zu entfernen, wodurch manche Fakultät beynahe ganz einging. Blos die theologische hatte sich behauptet; doch wurde 1566. bey dieser auch auf Veranstaltung des Raths ein Professor der Augsburgischen Confession angestellt. Vorzügliche Verdienste um die Universität erwarb sich Gustav Adolf, indem er ihr die Revenüen des Regler Klosters und des sogenannten Maynzer Hofs anwieß. Selbst nach seinem Tode setzte man die Verbesserungen fort, vervollkommte die Statuten der Fakultäten, und vermehrte die Professoren; allein 1649. gieng alles dies wieder verloren.

f. Motschmann gelehrtes Erfurt 1729.
Falkenstein Historie von Erfurt S. 315.
v. Guden. 217.—222.

§. 157.

§. 157.
Politische Verfassung, Policey und Kriegswesen.

In Absicht der Stadtregierung hatten sich die Aeltesten im Senate das Regiment fast allein angemaßt, und besetzten den Rath meist mit Personen aus ihren Familien, oder mit Verschwägerten. Der Senat bestand aus fünf Rathsgängen, welche aber 1660. durch die kaiserliche Commission auf vier Gänge zurückgesetzt wurden. Uebrigens prägte der Senat vermöge Concession und zu Beförderung des Handels, wie es bey den meisten Handelsstädten im Mittelalter geschahe, Münzen, und erhob verschiedene Stadtabgaben und Auflagen; er hatte sein Stadtmilitairwesen, auch besorgte er die zum Stadtschutz angelegte Bevestigungen und Werke. Ihm stand die Vertheilung der Intestat Erbfolgen nach den Statuten und die Bestellung der Vormundschaften zu; das Recht, Innungen zu bestätigen, und die Gerichtsbarkeit über die Bürger. Die Rathswahlen, so wie die Vierherrnwahlen, geschahen nach der durch die Bürger veranlaßten und von der kaiserlichen Commission 1654 und 1655. gemachten Aenderung. Von den Vierherren hatte der Erste die Kämmereyeinkünfte das Archiv und das große Siegel; er eröffnete alle Schreiben an die Stadt; die Andern hatten die Aemter, die Schlösser und das kleine Siegel, die übrigen das Stadtbauwesen und die Rügen. Uebrigens hatte der Senat zwey Monate lang bey Processen das Revisionsrecht.

In Absicht der Verhältnisse zu Sachsen und den Gerechtsamen des sächsischen Hauses so wie die Verhältnisse mit Maynz s. die §§§. in der Geschichte selbst.

In Polizeysachen finden wir zu Erfurt, sonderlich vor den unruhigen Zeiten, mehrere vorzügliche Einrichtungen. Sie zeigten sich bey dem Tourniere zu Erfurt, durch gute Anstalten zu einer zweckmäßigen Ordnung bey Feyerlichkeiten zu Verhütung vor Unglücksfälle, durch Aufmerksamkeit auf einige vorzügliche Gewerbe, wohin die obbemerkten 23 Verordnungen wegen des Safflors gehören, durch Anstalten zur Beförderung des Handels und dessen Sicherheit, in der Vorsorge für Maaß und Gewicht und für Lebensbedürfnisse, in den Gesetzen gegen Pracht und unnöthigen Aufwand; allein in den unruhigen Zeiten konnten diese nicht allezeit gehörig wirksam seyn.

Sechste Periode.

Von den Vorfällen des Jahres 1664. oder der Achtsvollstreckung bis zu den neuesten Zeiten.

Innhalt.

§. 158. Anstalten zu Erfurts Achtserklärung. §. 159. Folgen in der Stadt. §. 160. Achtsvollstreckung. §. 161. Conferenz zu Naumburg. §. 162. Maynz rückt mit französischen Truppen an. §. 163. Erfurts Besitznehmung. §. 164. Geheime Verhandlungen. §. 165. Persönliche Zusammenkunft. §. 166. Chursächsische Protestation. §. 167. Universitätsverbesserung. §. 168. Politische Einrichtungen. §. 169. Begün-

günstigung der Evangelischen. §. 170. Kriegsetat. §. 171. Unglücksfälle. §. 172. Bürgerliche Einrichtungen. §. 173. Pest. §. 174. Wohlfeilheit und Theurung. §. 175. Vorfälle im Religionszustande. §. 176. Unruhen darüber. §. 177.
Handelsbeförderung. §. 178. Verschönerungen.
§. 179. Boineburgische Verdienste. §. 180. Verhandlungen in den herzoglich sächsischen Häusern.
§. 181. Unglücksfälle. § 182. Merkantildeputation und andere heilsame Einrichtungen. §. 183.
Kriegsverwüstungen. §. 184. Liquidationscommission. §. 185. Universitätserneuerung. §. 186.
Akademische Commission und Convictorium.
§. 187. Verdienste des Herrn Coadjutor von Dalberg. §. 188. Wohlstand und Industriebeförderung. §. 189. Frohnmilderung. §. 190. Verschiedene Schulanstalten. §. 191. Medizinal-
Polizeyanstalten. §. 192. Brandassekuranz. §. 193.
Wittwenkasse. §. 194. Prämienkasse. §. 195.
Universitätsjubiläum. §. 196. Gebiet, Cultur
und Produkte. §. 197. Bevölkerung. §. 198.
Gewerbe und Handel. §. 199. Wohlstand. §. 200.
Religions- und Kirchenverfassung. §. 201. Wissenschaften und Künste. §. 202. Politische Verfassungen.

Geschichte.

§. 158.
Anstalten zu Erfurts Achtserklärung.

Da es mit den Erfurtischen Angelegenheiten
einmal so weit war, so säumte Maynz nicht, zu
Vollstreckung der Acht und dadurch zu Errei-
chung seiner Absichten ernstliche Anstalten zu machen,

chen. Es ließ vom Eichsfelde aus Mannschaft anrücken, welche Streifereyen und heftige Feindseligkeiten, ja auch selbst einige Grausamkeiten, ausübten, welches letztere vorzüglich zu Gispersleben im Erfurter Gebiet mit einigen Zimmerleuten vorfiel, welche der unmenschliche Biermann, ein Rittmeister, eine Nacht lang am Feuer braten ließ, und sie so an ein Karrenrad im Angesicht der Stadt aufhing. Diese abscheuliche Handlung, welche Chur Maynz mißbilligte, und den Wittwen der Unglücklichen einen jährlichen Unterhalt gab, empörte die Erfurter äußerst, so daß sie mit einigen Kanonen einen heftigen Ausfall machten, und die streifenden Haufen verjagten. Allein auch in der Stadt selbst bewirkte diese abscheuliche That ebenfalls heftige und blutige Auftritte.

§. 159.

Folgen in der Stadt.

Bey der Rückkehr in die Stadt ließ das Volk nun seine Wuth an verschiedenen Personen vorzüglich aus. Man hatte die Karren mit den unglücklichen Leichnamen in die Stadt gebracht, um dadurch die Wuth anzufeuern. Vorzüglich traf das Schicksal, mißgehandelt zu werden, den Weyhbischof von Gudenus, dessen Haus man zerstöhrte und plünderte, denn er selbst hatte sich zum Glück geflüchtet. Ein traurigeres Schicksal hatte der Rathsmeister Kniphof, welcher durch eine Flintenkugel getödtet wurde, indem man ihn auf den Markt führen wollte. Limbrecht und Hallenhorst wurden auch zu den Leichnamen hingeführt, man schlug und stieß sie auf die wüthendste Art. Vorzüglich beschleunigte man den Proceß des Erstern, weil man ihn

durch-

durchaus für die Haupturſache aller dieſer Händel durch die Gebetsformel und auch als Beförderer der Maynziſchen Abſichten anſahe. Man führte eine ganze Menge Zeugen gegen ihn auf, und folterte ihn. Er wurde endlich vor dem Rathhauſe enthauptet, ſo ſehr er auch noch in einer kurzen Anrede ſeine Unſchuld zu betheuern ſuchte, und ſich auf den kaiſerlichen Schutz berief. Der Kaiſer ſo wie Maynz ſahen dieſes als ein neues Verbrechen der Stadt Erfurt an, und glaubten deſto mehrere Urſachen zu haben, die Vollziehung der Acht zu beſchleunigen.

§. 160.

Achtsvollſtreckung.

Der Churfürſt von Maynz, Johann Philipp, fühlte ſich allein zu ſchwach; der Kaiſer brauchte ſeine Truppen in Ungarn, und gleichwohl ſahe man, daß, da Erfurt volkreich genug, es durch ſeine verzweifelte Lage tapfer und wüthend fechten würde. Maynz ſuchte alſo bey einigen deutſchen Fürſten Unterſtützung, welche aber abgeſchlagen wurde. Maynz ſchlug alſo dem Kaiſer vor, von Frankreich Hülfstruppen zu ſuchen; auch ſuchte Maynz bey dem Herzog von Lothringen um dergleichen an. Erfurt hatte indeſſen ſich in ſeinem Betragen etwas geändert: auch hatten verſchiedene proteſtantiſche Geſandte dem König von Frankreich abgerathen, indem die Maynziſche Achtsvollſtreckung gegen die ſächſiſche Gerechtſame ſey, vielmehr ſelbige Churſachſen, als Directori des oberſächſiſchen Kreiſes, zuſtehe, und daß die Hülfe fremder Völker hierinnen ganz gegen die Reichsverfaſſung ſey.

Kurzgefaßte gründl. Nachrichten ꝛc. S. 177.

Schrei-

Schreiben der obersächsischen Kreisstände an den Kaiser wegen widerrechtlichen Verfahrens, in des Londorps Actis publ. VIII. 95.

§. 161.
Conferenz zu Naumburg.

Ueber diesen Zurüstungen gingen einige Monathe hin, und Erfurt war fast sicher geworden, ungeachtet es Sachsen warnete; auch erfuhr es noch zu rechter Zeit die ernsthaften Zurüstungen. Die Erfurter suchten daher bey verschiedenen Fürsten Beystand, allein keiner wollte sich dem kaiserlichen Willen entgegen stellen, konnte es auch nicht ganz sicher wegen der Acht, so bald er nicht Macht und Ansehen genug hätte, die Acht zu hintertreiben, da der kaiserliche Hof sehr für Maynz eingenommen war. Das Haus Sachsen suchte Erfurt zu helfen, so viel es nur erlaubt und möglich war. Es trug daher nach einer Conferenz zu Naumburg bey Brandenburg darauf an, eine Vermittelung zu übernehmen, allein die brandenburgischen Räthe gingen zu spät ab.

Müllers Annalen 459 und 460.

§. 162.
Maynz rückt mit französischen Truppen an.

Maynz hatte indessen französische Truppen zu erhalten gesucht, welche unter dem General Pradel und dem Herzog v. Vaudemont standen. Die Kriegsvölker rückten vom Eichsfelde aus über Grafentonne herbey, die Reuterey berennte sogleich die Stadt, das Fußvolk aber rückte bis Gispersleben nach. Der Senat that den Mayn-zischen bey dem Heere befindlichen Abgeordneten aber-

abermals Vorschläge zum Frieden, um die Stadt zu schonen, allein man schlug Maynzischer Seits alles ab, und nöthigte dadurch die Stadt zu dem Entschlusse, sich auf das äußerste zu vertheidigen. Die Franzosen rückten 3000 Mann stark unter Pradel an, und setzten der Stadt heftig zu. Der Rath zog eine Anzahl tapferer Landleute in die Stadt, und vertheilte sie mit den Bürgern auf die Wälle. Die Erfurter machten tapfere und glückliche Ausfälle, und nahmen den Belagerern viel Gefangene ab; auch feuerte man sehr heftig aus der Stadt. Durch einige Vortheile und durch die Langsamkeit der Belagerung wuchs der Muth der Erfurter; selbst die Studenten ergriffen die Waffen. Die Franzosen suchten die Gera abzuleiten, welches man aber von Seiten Erfurts vereitelte. Die Erfurter verwüsteten auch Daberstadt wegen mehrerer in die Stadt geworfenen glühenden Kugeln. In die Länge aber fand sich Erfurt zu schwach, zumal da ein Theil der Besatzung überging, und die Stadt bat also um Frieden. Der Churfürst schickte den Baron Reifenberg als Abgeordneten in die Stadt; die ersten Unterhandlungen liefen fruchtlos ab; es blieb indessen doch bey dem Waffenstillstand. Aber bey den zweyten Unterhandlungen zu Billersleben vereinigte man sich über die Bedingungen des Friedens, und den 5ten Oktober kam die Kapitulation zu Stande.

§. 163.

Erfurts Besitznehmung.

Der Churfürst von Maynz hatte sich nach Königshofen begeben, um näher zu seyn. Hier nahm er die Abgeordneten der Stadt an, worauf er den 11ten Oktober den feyerlichen Einzug hielt.

hielt. Bey der Stiftskirche empfing ihn die Geistlichkeit und begleitete ihn auf den Petersberg. Hier versprach er feyerlich, die Religionsfreyheit nie zu kränken, für das Beste der Bürger thätig zu seyn, Niemanden zu bestrafen, oder zur Verantwortung zu ziehen, die Entschädigung wegen der aufgewandten Kosten und der durch das Bombardement verursachte Schaden solle aus den gemeinen Stadteinkünften erhoben werden, welches er auch nachher wiederholte. Er ließ auch sogleich dem Evangelischen Ministerium einen besondern Schutzbrief ausfertigen, der auf die Pastoren, Diakonen, Kirchen- und Schuldiener sich erstreckte; auch sorgte er für die Aufhebung der Acht, und beschenkte die französischen Hülfstruppen, ihren Anführer und ihren König.

Kurze Nachrichten von Erfurt. S. 149 und 189.

Falkensteins Historie von Erfurt. S. 744 — 993.

Lünigs Reichsarchiv. Abth. III. S. 401.

Analecta Cisrhenana. in der Präliminareinleitung S. 16.

§. 164.

Geheime Verhandlungen.

Mit Recht befürchtete Maynz die Gerechtsame und Ansprüche des Hauses Sachsens, welches auch durch Schriften sehr widersprach und seine Rechte vertheidigte. Maynz bemühete sich daher aus allen Kräften und mit Politik dieses zu gewinnen. Sachsen behauptete und zeigte, daß die Schenkung K. Otto ohne Grund sey; die Landgrafen von Thüringen, nachmalige Markgrafen von Meißen und Herzoge und Chur-

fürsten

fürsten von Sachsen, hätten sich, so bald es nöthig war, als Landesfürsten bewiesen; Maynz habe nur Erbherrnrechte, nicht landeshoheitliche gehabt. Nur von wegen diesem Erbherrnrechte habe es Frohne, Zinsen, Zehnden gefordert. Erfurt habe anfangs bey den thüringischen Landgerichten und nachher bey den sächsischen Hofgerichten Recht genommen, den Landgrafen mehrmalen als ihren Landes- und Schutzherrn, wie auch den sächsischen Münzfuß anerkannt, so wie den thüringischen Landsaßiat durch sächsische Lehne und Afterlehne; Maynz suchte ebenfalls durch Schriften sich zu vertheidigen, und schrieb gegen Sachsen. Es ist bekannt, daß man es von Maynzischer Seite durch einen und den andern Minister dahin zu bringen wußte *), daß sich Churfürst Johann Georg II. durch allerley Vorspiegelungen zu geheimen Verhandlungen 1665. bereden ließ, wodurch nachher auch das Fürstliche Haus Sachsen veranlaßt wurde, einen gleichen Schritt noch in dem nämlichen Jahre zu thun, worinnen wegen des Oberlehnseigenthums verschiedenes verabredet wurde. Maynz begab sich verschiedener Lehen an das Fürstliche Haus Sachsen, das bisher wiederkäuflich besessene Kapelndorf und Groß-Rudelstadt verblieb Sachsen auf immer; so wurden auch andere Punkte wegen des Geleits und Leibgeleits, wegen des Straßenrechts, wegen der Jagd verabredet; auch renuncirte Erfurt auf Wiedereinlösung der Dörfer und Vestungen Wiglau und Ingau, und Erfurt bezahlte die rückständigen Schutz- und Schirmgelder.

Rudol-

*) Eine Summe Geldes und 30 Fuder Rheinwein werden in dem Itinerario politico Germaniae angegeben.

Rudolphi Gotha dipl. I. 302.

Müllers Annalen S. 466.

Tableau hiſtorique de l'Electorat de Saxe, par Mr. Canzler, p. 149 & 150.

Iuſtitia Protectionis Sax. in ciuitate Erfurtenſi (L. B. de Seckendorf.) anno 1663. menſe Iunio 4. in Londorp. actis publ. T. IX.

Repetita et neceſſaria defenſio iuſtae protectionis Sax. (eod. Auct.) 1664. menſ. Martio. ebend.

In Maynz erſchien:

Aſſertio Iuris Moguntini.

Aſſertio Iuris Moguntini in Erfordiam vindicata contra Scriptorem repetitae defenſionis etc.

§. 165.

Perſönliche Zuſammenkunft.

Bey einer geheimen perſönlichen Zuſammenkunft von Churmaynz und Churſachſen, welche 1667. zu Schulpforte erfolgte, wurde noch ein beſonderer geheimer Rezeß verabredet, und bald nachher zwiſchen Churmaynz und dem Fürſtlichen Hauſe Sachſen in eben dem Jahre der Exekutionsrezeß zu Erfurt verabhandelt, worinnen der Leipziger Rezeß in einigen Punkten zum Vortheil des Erneſtiniſchen Hauſes abgeändert wurde. Vorzüglich geſchahe dieſes in Anſehung des Geleits und der Jagd; auch wurde die alte Geleitstafel von 1441. in dem Jahre 1667. erneuert und durchſehen *).

*) Lünigs Reichsarchiv Part. ſpec. Cont. I. Abtheil. III. Abſchnitt I. von Churmaynz S. 43.

Rudolphi Gotha diplomatica I. 310.

Die Geleitstafel s. in des Herrn Coadj. von Dalberg Beyträge zur Geschichte des Erfurter Handels S. 27.

§. 166.
Chursächsische Protestation.

Gegen diese geheimen Verhandlungen, Verabredungen und Recesse protestirte der Nachfolger des Churfürsten Johann Georgs des II., der Churfürst Johann Georg III. aus der vorangeführten Ursache, und bestand bey der Belehnung am kaiserlichen Hofe darauf, daß der Chursächsische Lehnsbrief auch fernerhin auf die Gerechtsame über Erfurt gerichtet wurde, welches auch in der Folge so beobachtet werden.

s. Heinrichs Sächsische Geschichte II. 184.
Tableau historique de l'Electorat de Saxe par Mr. Canzler. p. 149.
D. Rößig Staatskunde v. Chursachsen. S. 207.

§. 167.
Universitätsverbesserung.

Die Churfürst wandte indessen zuvörderst seine Aufmerksamkeit auf die Universität, und versicherte den Lehrern, welche an den Unruhen keinen Antheil genommen, seine besondere Gnade. Er sorgte dafür, daß ihre Gebäude ausgebessert, und ihre Besoldung vermehrt wurde. Es wurde eine Reitschule angelegt, und Lehrer zu Leibesübungen bey der Universität bestellt, dennoch aber nahm die Universität nicht so vorzüglich zu, und man zählte selten über hundert Studierende.

§. 168.

§. 168.

Politische Einrichtungen.

Vor allen Dingen wurde nun auch die Verfassung eingerichtet, ein Statthalter bestellt nebst Statthalteramtsräthen. Den Stadtschuldheiß ließ man in der bisherigen Verwaltung der Civil- und Criminaljustiz, und gab ihm einige Beysitzer. Der Senat wurde in drey Transitus getheilt, welche anfänglich fast ganz Evangelisch waren. In der übrigen kirchlichen Verfassung trug sich damals weiter keine Veränderung sonderlich zu, als daß die Jesuiten den abgebrannten Platz des Stottenheimer Pallasts erhielten, und man ihnen so lange, bis sie eine eigene Kirche erbauen könnten, die Laurentiuskirche einräumte.

§. 169.

Begünstigung der Evangelischen.

Auch für die Evangelischen wurde dadurch noch gesorgt, daß man das Lutherische Waisenhaus begründete, und Churmaynz sich um dessen Ausstattung auf verschiedene Weise verdient zu machen suchte. Um Religionsunruhen vorzubeugen vermahnte der Churfürst vor seiner Abreise die Geistlichen beyder Partheyen auf das ernstlichste, in ihren Predigten einander nicht anzugreifen oder auf einander zu schmähen.

§. 170.

Kriegsetat.

In Absicht des Kriegsetats wurde ein Commandant bestellt, und neben der Maynzischen Miliz auch kaiserliche Mannschaft eingelegt, welche

che die Stadt auch seitdem behalten, und welche 1680. eine eigene Hauptwache bekam.

§. 171.
Unglücksfälle.

Bey allen diesen Umständen traten in der andern Hälfte des 17ten Jahrhunderts auch noch mehrere Unglücksfälle für Erfurt ein: das Feuer verzehrte 1654. an hundert Häuser, sechs Jahre nachher brannten abermals zwey hundert Häuser ab, worunter das Regler Kloster und der prächtige Stottenheimer Pallast war, welchen ehemals ein reicher Waidhändler erbauet hatte; in dem folgenden Jahre verwüstete die Flamme wiederum drey hundert Häuser.

§. 172.
Bürgerliche Einrichtungen.

Erfurt erhielt von Zeit zu Zeit neue Einrichtungen. Dem Stadtrathe wurde die Berechnung der gemeinen Einkünfte abgenommen, und, aller dringenden Vorstellungen des Senats ungeachtet, der Rentkammer, welche zu Erfurt angeordnet wurde, übergeben. Auch mußte sich der Stadtrath bequemen, daß der Statthalter und Stadtschuldheiß die Aufsicht über die Rathswahlen führte. Der Churfürst Damian Hartad errichtete auch 1677. ein Regierungscollegium unter dem Vorsitze eines zeitigen aus dem Domkapitel zu Maynz zu nehmenden Statthalters.

Falkenstein Historie von Erfurt.
Galetti Geschichte von Thüringen VI. 295.

§. 173.

§. 173.

Peſt.

Die Peſt richtete abermals Verwüſtungen an, indem ſie 1678. zu Erfurt ausbrach, wo an zehn tauſend Menſchen ſtarben; ſie näherte ſich im Jahre 1681. wieder, und brach 1682. von neuem aus, ſie verzehrte abermals 940 Menſchen in der Stadt und 806 auf dem Lande. Am ſtärkſten aber wüthete ſie in dem folgenden Jahre, wo ſie 9437 Menſchen zu Erfurt tödtete. Man feyerte deshalb auch den 15ten April, als an welchem Tage ſie nachließ, allein noch in dieſem Sommer ſtarben auf dem Lande noch 8290 Menſchen. Durch alle dieſe Zufälle kam die Bevölkerung von Erfurt ſehr herab, ſo daß es ſeitdem immer merklich geblieben iſt, und kaum der dritte Theil der Einwohner von denen übrig iſt, welcher vor dem dreyßigjährigen Kriege war, wo man über ſechzig tauſend Menſchen zählte.

Galetti VI. 293.

§. 174.

Wohlfeilheit und Theurung.

Natürlich folgte auf dieſe Peſtverwüſtungen eine ſo große Wohlfeilheit, daß 1686. eine Erfurter Malter Weizen 6 Rthlr. und die Malter Korn 4 Rthlr. koſtete; bald aber entſtand 1694. wiederum eine beträchtliche Theurung, indem der Malter Weizen mit 30 bis 32 Thlr. Gerſte und Hafer aber mit 14 bis 16 Thlr. bezahlt wurden.

§. 175.
Vorfälle im Religionszustande.

Gegen Ende des 17ten Jahrhunderts wurden allerley Veränderungen in dem Religionszustande vorgenommen. Schon 1674. wurde eine Verordnung gemacht, daß die Transitus halb evangelisch und halb katholisch in dem Senate seyn sollten, und die Römischkatholischen fingen an sich immer mehr und mehr auszubreiten.

§. 176.
Unruhen darüber.

Dieses hätte daher bald zu ernstlichen Streitigkeiten Anlaß gegeben, indem im Jahr 1712. der Statthalter untersagte: die den Katholischen anstößigen Lieder weiter zu singen. Das evangelische Ministerium beschwerte sich zwar deßhalb nachdrücklich, und bezog sich auf die versprochene freye Religionsübung, allein es wurde nichts ausgerichtet; und da die Unruhen über einige Lieder vorzüglich angingen, so wurden dem Buchdrucker die Gesangbücher weggenommen, worinnen diese Lieder standen, und verboten, sie überhaupt wieder nachzudrucken. Die Jesuiten hatten vielen Antheil an diesen Unruhen. Außerdem vermehrten sich auch die Pietisten in Erfurt um diese Zeit sehr.

Es betraf die Lieder: Das alte Jahr vergangen ist; Erhalt uns Herr bey deinem Wort.

f. Kießlings Religionsstreitigkeiten über das Lied: o Herre Gott! dein göttlich Wort. 1756. 8.

Struve's Religionsbeschwerden II. 331. 332.

§. 177.

§. 177.

Handelsbeförderung.

Indeſſen ſuchte man den Handel der Stadt ſo gut als möglich aufzuhelfen. Man ſuchte 1672. verſchiedene Mißbräuche der Handwerker abzuſtellen. Man ertheilte den nach Erfurt ziehenden fremden Meiſtern allerley Freyheiten. Man befreyete die Fremden, die den Waid- und Safflorhandel ins Große treiben wollten, von Abgaben. Die Stadt erhielt 1692. drey Roß- und Viehmärkte. Indeſſen ſank dennoch der Handel immer tiefer, jemehr das ſächſiſche Haus Anſtalten zu Aufhelfung des Handels in den ſächſiſchen Landen machte, und der Handel von Erfurt weg ſich in die ſächſiſchen Lande zog, außerdem auch Leipzig ſo thätig und wachſam für die Beförderung ſeines Handelsintereſſe war. Und obſchon 1705. ein neues Kaufhaus erbauet, und 1707. ein Commerzcollegium errichtet wurde, ſo ging doch letzteres bald nach dem Tode des verdienten Statthalters von Boineburg wieder ein.

v. Galetti II. 294.

von Dalberg S. 26.

Glafey Kern der Sächſiſchen Geſchichte 485, 837, 849, 950, 955.

§. 178.

Verſchönerungen.

Durch vorzügliche Gebäude wurde in dieſen Zeiten indeſſen die Stadt doch verſchönert, hierunter zeichnete ſich der Pallaſt des Statthalters bey der St. Wiprechtskirche aus. Der Grund dazu wurde 1715. gelegt. Es iſt ein Denkmal des

des verdienstvollen Statthalters von Boineburg, welcher auch die Wage; und das Accishaus bauete.

§. 179.
Boineburgische Verdienste.

Ueberhaupt hat der Statthalter von Boineburg sehr große Verdienste um Erfurt. Er verbesserte die ganze Justiz- und Polizeyverfassung zweckmäßig, suchte den Gesetzen Ansehn und Gültigkeit zu verschaffen und zu erhalten, die Abgaben auf eine leichtere Art zusammen, und Gewerbe und Handel in Aufnahme zu bringen, indem er Manufakturisten verschrieb. Er suchte die Wissenschaften zu befördern, und schenkte der Universität seine für die Geschichte und das Staatsrecht wichtige Bibliothek 1718., wieß auch beträchtliche Kapitalien an, von deren Zinsen der Bibliothekar und Professor des Staatsrechts und der Geschichte besoldet werden sollten. Auch hatte er schon den Gedanken und den Plan zu einer Akademie der Wissenschaften, welche er errichten wollte, allein dieses hinderte sein Tod.

f. Motschmann gelehrtes Erfurt I. 518.

Mosers Patriotisches Archiv. III. B. 1785. St. 1. S. 179. politischer Charakter des Grafen und Statthalters von Boineburg.

§. 180.
Verhandlungen mit den herzoglich sächsischen Häusern.

Wegen mehrerer Grenzstreitigkeiten kam es mit dem Hause Sachsen-Eisenach im J. 1709. zu Verabhandlungen, wo man sich über 34 Punkte te mit einander verhandelte und vertrug, und 1719. zu anderweitigen zwischen Sachsen-Gotha, ebenfalls über Grenzangelegenheiten.

f. Analecta Cisrhen. S. 39. 40.

§. 181.

Unglücksfälle.

Durch die bis zur Mitte dieses Jahrhunderts öfters eintretenden Kriegsvorfälle litte zwar Erfurt zuweilen, aber am empfindlichsten war die Feuersbrunst, welche 1736. Erfurt betraf, welche die Nachläßigkeit eines kaiserlichen Rekruten veranlaßt haben soll, wobey 188 Vorderhäuser ein Raub der Flamme wurden. Noch gegenwärtig hat die Stadt diesen Schaden nicht ganz verschmerzt, wovon theils Ruinen, theils Gärten, welche über den Brandstellen grünen, die Beweise sind.

§. 182.

Merkantildeputation und andere heilsame Einrichtungen.

Im Jahre 1754. wurden abermals mehrere heilsame Anstalten zur Beförderung der Industrie der Stadt gemacht. Es verdient hier vorzüglich die Merkantildeputation Erwähnung, welche 1755. eröffnet wurde, während ihrer Existenz sehr thätig war, und wöchentlich einmal gehalten wurde. Sie hatte Verbesserung des Handels, der Manufakturen und Fabriken zur Absicht; sie legte eine eigene Wollfabrik an, um dem Betteln zu steuern; allein gegen Ende des siebenjährigen Krieges hörte sie wieder auf. Eben dieses 1754ste Jahr zeichnete sich durch Errichtung der Akademie der Wissenschaften zu Erfurt

furt aus. Um eben diese Zeiten wurde auch das anatomische Theater und das chemische Laboratorium errichtet, ein botanischer Garten angelegt, und dem Evangelischen Prediger Mosche die Erlaubniß zu öffentlichen Vorlesungen ertheilt.

§. 183.
Kriegsverwüstungen.

Abermals litte Erfurt durch die Verwüstungen des siebenjährigen Krieges, welcher für Erfurt sehr empfindlich wurde, die Preußen nahmen die Stadt in Besitz, blockirten den Petersberg, bald darauf folgten Franzosen und Reichsarmee, welche in kurzem wieder von preußischen Truppen verjagt wurden, welches meist so abwechselte, wo Erfurt immer durch Beköstigungen so vieler Truppen und Kontributionen sehr mitgenommen wurde; und so dauerte es bis zum Friedensschlusse fort.

§. 184.
Liquidationscommission.

Es wurde zwar 1758. schon eine Liquidationscommission niedergesetzt, welche die Kriegsschäden im Ganzen ausgleichen sollte. Man entwarf eine Matrikel, welche über alle und jede in der dasigen Gegend sich befindende Güther, Grundstücke, Zinsen und Gerechtigkeiten, sie mochten steuerbar oder steuerfrey seyn, ausgefertiget werden sollte, auch die Domainen sollten nicht frey, und so wenig als die Güther des Klerus ausgenommen seyn.

f. Nachricht von dem, was in Erfurt seitdem

dem 1763. geschlossenen Frieden vorgefallen 1770.

Mosers Reichsstaatshandbuch II. 8.

§. 185.
Universitätserneuerung.

Eines der wichtigsten Ereignisse für Erfurt, welche bald nach den Zeiten des traurigen Krieges erfolgten, war, daß die Universität 1767. daselbst erneuert, und zuerst wieder Professoren des evangelischen Glaubensbekenntnisses bey der theologischen Fakultät angestellt wurden, da bis dahin nur der jederzeitige Senior des Ministerii die protestantischen Candidaten zu unterrichten, oder doch andere Vorlesungen zu halten hatte; deßhalb aber weiter bey der Universität keine Rechte besaß. Das damals neu erbauete anatomische Theater und der botanische Garten machen diese Zeit ebenfalls für die Wissenschaften wichtig. Auch wurden viele neue Lehrer zum Theil mit ansehnlichem Gehalte damals angestellt, und eine neue akademische Kasse zur Salarirung errichtet, zu deren Fond man den Karten- und Calenderstempel und den Musikpacht u. s. w. bestimmte.

Nachricht von dem, was in Erfurt seit 1763. vorgegangen 1770.

Mosers Reichsstaatshandbuch II. 8.

Zum Andenken der vierten akademischen Jubelfeyer zu Erfurt, von M. Jacob Dominikus 1793. 8.

§. 186.

§. 186.
Akademische Commission und Conviktorium.

Zu eben der Zeit wurde auch die akademische Commission errichtet, welche aber nach kaum zweyjähriger Dauer wieder einging. Zugleich erhielt auch die Universität ein Conviktorium für arme Studierende, in welchem eine Anzahl ganz frey, andere aber gegen Erlegung eines mäßigen Beytrags gespeiset werden.

§. 187.
Verdienste des Herrn Coadjutor von Dalberg.

Die Verdienste des Reichsfreyherrn und Coadjutor von Dalberg, welche mit dem Jahre 1772. anfangen, können in der Geschichte von Erfurt nicht unbemerkt bleiben. Er selbst ein großer Kenner der Wissenschaften und Schriftsteller, suchte denselben, so wie der Akademie zu Erfurt, neues Leben zu geben; durch ihn wurden 1776. die Gesetze der Akademie verbessert, und noch täglich werden mehrere gute Einrichtungen und Anstalten durch denselben veranlaßt und befördert.

§. 188.
Wohlstand und Industriebeförderung.

Der gegenwärtige Churfürst von Maynz, Friedrich Karl, bemühet sich, für das Beste von Erfurt und für die Beförderung der Industrie und Cultur desselben zu sorgen. Es wurde eine Prämienkasse zur Unterstützung der Landescultur und starkem Vertriebe inländischer Produkte und Fabrikwaaren errichtet, aus welcher innerhalb zehn Jahren an 18000 Thlr. an Prämien vertheilt

theilt worden ſind. Hierdurch wurde bewirkt, daß an 90000 Bäume gepflanzt und an 3000 Aecker mit Klee angebauet und viele Lehden beurbart wurden.

f. ökon. Weisheit und Thorheit IV. St. 179. S.

§. 189.
Frohnmilderung.

Durch Milderung und durch die zum Theil geſchehene Erlaſſung der Frohnen in einem deshalb ergangenen Frohnpatent, und durch andre ſeit 1777. gemachte Einrichtungen in Abſicht der Einſchränkung des Wildſtandes iſt auch die Landescultur befördert worden.

§. 190.
Verſchiedene Schulanſtalten.

Zu Beförderung der Künſte, Induſtrie und guten Polizey wurde eine Zeichenſchule, auch Spinn- und Strickſchule und ein Polizeyhaus errichtet, ſo wie auch Erfurt vor einigen Jahren eine Militairſchule erhielt, welche ihr Daſeyn und Flor vorzüglich einem anſehnlichen Vermächtniſſe eines General von Brenkens zu verdanken hat.

§. 191.
Medizinal-Polizeyanſtalten.

Durch das Hebammeninſtitut ſuchte man 1778. die Hebammenkunſt und die Bevölkerung zu befördern. Zu eben dem Behufe wurde eine eigene Profeſſur, auch 1787. ein Accouchirhaus errichtet, und die Schülerinnen durch Prämien aufgemuntert, und 1784. wegen Behandlung der Erſtickten und ihrer Rettung, Verordnung getroffen.

H § 192.

§. 192.

Brandaſſekuranz.

Durch die Brandaſſekuranz ſuchte man den Verunglückten ſchleunige Hülfe zu Wiederherſtellung ihrer Gebäude zu ſchaffen und den Preiß der Häuſer mehr zu ſichern; ſie wurde 1782. allgemein eingeführt.

§. 193.

Wittwenkaſſe.

Die Wittwenkaſſe für Profeſſoren- und Staatsdienerwittwen wurde 1783. begründet, allein 1785. zweckmäßiger eingerichtet. In dem erſt bemeldten 1783ſten Jahre bekam die akademiſche Commiſſion eine ganz neue Einrichtung. Zur Beförderung des litterariſchen Briefwechſels erhielten die Profeſſoren und die Dikaſterialperſonen die Brieffreyheit auf den Poſten. Die Univerſitätsbibliothek wurde durch die Bücherſammlung der Exjeſuiten und die des Raths vermehrt.

§. 194.

Prämienkaſſe.

Die Prämien, welche vorher größtentheils auf Bäume Futterbau und Lehdencultur gerichtet war, wurde neuerlich mehr für andere nützliche Fortſchritte in der Induſtrie beſtimmt. Man ſuchte vorzüglich eine ſpaniſche Schaafzucht durch ſpaniſche Widder und Mutterſchaafe zu begründen, wodurch alsdann die Gemeinheiten damit verſehen werden ſollten. Man ſucht durch ſie auch die Pferde- und Hornviehzucht, ja ſelbſt die Schweinezucht nach und nach mehr zu vervollkommnen.

§. 195.

§. 195.
Universitätsjubiläum.

Unter die neuesten wichtigsten Begebenheiten gehört das Universitätsjubiläum, welches 1792. den 11. September gefeyert wurde, wo diese alte hohe Schule ihre vierte Jubelfeyer beging.

f. Zum Andenken der vierten akademischen Jubelfeyer zu Erfurt von M. Jac. Dominikus 1793. 226. S. 8.

Statistik.

§. 196.
Gebiet, Cultur und Produkte.

Nach den neuesten Bestimmungen des Herrn von Zach liegt die Stadt Erfurt in Absicht der geographischen Breite 50°, 59′, 8″, in Absicht der Länge 28°, 45″, 31′, 5.

Das Gebiet selbst begreift ein Städtchen, einen Marktflecken und 73 Dörfer, und ist in folgende Aemter vertheilt:

1) Das Stadtamt, welches aus 15 Dörfern bestehet, womit die 5 so genannten Küchendörfer Witterba, Malchendorf, Daberstädt, Drittelstadt und Hochheim verbunden sind. 2) Das Amt Tondorf bestehet aus 12 Dörfern. 3) Das Amt Aßmannsdorf mit 15 Dörfern. 4) Das Amt Mühlberg mit 2 Dörfern. 5) Das Amt Vargula, welches aus einem Marktflecken Groß Vargula bestehet. 6) Das Amt Gispersleben mit 10 Dörfern. 7) Das Amt Wippach mit Schloß und zwey Dörfern. 8) Das Amt Somerda, welches aus dem Städtchen und 3 Dörfern bestehet, und mit N. 7 verbunden ist. 9) Das Amt

Amt Alach mit 13 Dörfern. 10) Das Hospitalgericht und die Hospitalinspektion, wozu das große Hospital, die Dörfer Hain und Hainchen, sammt dem Niedergerichte gehören; und 11) das Lehnguth Isserode.

Dieses Gebiet ist größtentheils sehr fruchtbar, leidet aber Mangel an Holz. Der Ackerbau erhielt von Erfurt aus durch den bekannten Reichart einen Vorschlag zu einem neuen Ackersysteme, welches aber allerhöchstens in Erfurts fetten Fluren und bey einer vorzüglichen Ackerwirthschaft Statt finden möchte. Uebrigens wurden außer den gewöhnlichen Getraidearten zu und um Erfurt theils mehrere Handelskräuter, vorzüglich Mohn, Farbekräuter, als Waid, Röthe, Safflor und Scharte, theils Gewürz- und Medizinalkräuter, auch sehr viele Kohl- und Küchengartengewächse, Hülsenfrüchte und andere erbauet. Vorzüglich sind auch die Rettige, verschiedene Sorten Bohnen und die Kresse, welche in den Kressklingern erbaut wird, bekannt genug.

Außerdem ist zu Windisch Holzhausen ein Stahlbrunnen, bey Tondorf findet man Pfeifenthon, Torf bey Tiefengruben. Die Gegend hat meist vorzügliche Weiden, daher auch in einigen Gegenden mit vielem Glück die Viehmastung getrieben wird.

von Zach. de vera latitudine et longitudine Geographica Erfurti. 1790.

Reichards Land- und Gartenschatz, VI. Theile 1753 bis 1765. nebst dem Anhange von 1774. Die 3te Auflage erschien 1768.

A. F. C. Reinhardt Bemerkungen über Volkszahl, Fruchtbarkeit und Sterblichkeit der zum Erfurter Gebiete gehörigen 74 Dörfer, mit einer Tabelle. 4to.

§. 197.

§. 197.
Bevölkerung.

Durch die häufigen Unglücksfälle und Menschensterben und den sehr gesunkenen Handel hat die Stadt an Bevölkerung sehr abgenommen, so daß man jetzt gegen 15000 Menschen rechnet, absich gleich 1777. wirklich nur 13000. fanden. Das Gebiet um Erfurt her enthält einige tausend Menschen mehr als die Stadt selbst.

s. Reichard Bemerkungen über Volkszahl ꝛc.

§. 198.
Gewerbe und Handlung.

Der Handel ist im Ganzen von keiner sonderlichen Beträchtlichkeit, obgleich eine Commerzcommission errichtet wurde, man auch wirklich sonst vieles für den Handel that. Die gegenwärtig wichtigsten Manufakturen sind Zeug-, Band-, Strumpfwirker, welche vorzüglich die Leipziger, Frankfurter und Braunschweiger Messe beziehen, auch wird etwas Juwelenhandel getrieben. Außerdem verdient auch noch der Handel mit Blumen, Küchengewächsen, Gewürzpflanzen und der Sämerey derselben, ingleichen mit Anis- Mohnöhl und Obstbäumen bemerkt zu werden.

§. 199.
Wohlstand.

Erfurts gegenwärtiger Wohlstand gleicht bey weitem nicht mehr jenem in alten Zeiten, da ihn so viele Unglücksfälle und der Verfall seines Handels zerrüttete. Die Stadt ist daher meist noch alt gebauet, und enthält etwa gegen 3135 bewohnte Häuser, viele, welche bey Brand 1736.

zerstöhrte, liegen noch in Ruinen und es grünen Gärten auf ihren Plätzen.

§. 200.

Religions- und Kirchenverfassung.

Die Religionsverfassung gründet sich theils auf den Religions- und westphälischen Frieden, theils auf nachherige Verträge und Versicherungen, worinnen die Erhaltung der Religionsfreyheit und des Religionsstandes gesichert wird, als worinnen auch das sächsische Haus viele Verdienste um Erfurt hat. Vorzüglich aber legte auch die neu errichtete Religionskommission 1789. viele der häufigen langwierigen Religionsstreitigkeiten bey, und beförderte dadurch eine weise und heilsame Toleranz. Alle evangelische Gemeinden in der Stadt und auf dem Lande genießen das Recht, ihre Geistliche und Schullehrer, welche letztere aber in der Stadt die Inspektions-Collegien der Kirche ernennen, entweder ganz frey, oder aus bereits in Aemtern stehenden Personen zu postuliren, oder aus drey von dem Stadtrathe Augsburgischer Confession auf die Probe geschickten Candidaten oder Seminaristen zu wählen. Eine Ausnahme machen die alterzstiftlichen Dörfer im Amte Tondorf und Mühlberg, wo Maynz das Patronatrecht ausübt, ingleichen einige Dörfer, wo solches dem Chur- u. fürstlichen Hause Sachsen oder einigen ablichen Familien zustehet. Ein großer Theil der Einwohner der Stadt und auf dem Lande ist evangelisch, die fünf so genannten Küchendörfer ausgenommen. Die Lutheraner haben in neun Kirchen Gottesdienst und noch andere, welche sie nicht brauchen, gehören auch ihnen. Den Römischkatholischen gehört die Ecclesia collegiata
insignis

insignis ad B. M. Virginem, auch ad gradus genannt, sie ist ein weltliches Stift, welches aus Probst, Dechant und sechs Canonicis und sechs Vicariis bestehet. Hier befindet sich auch die berühmte große Glocke, welche 275 Centner wiegt. Bey der Collegiatkirche des heil. Severs sind sechs Canonici und vier Vicarii. Sodann ist ein Benediktinerkloster zu Peter Paul, welches einen infulirten Abt hat; außerdem noch sieben Klöster, vier katholische Kirchen und drey Kapellen. Uebrigens bemerkt man gegenwärtig Duldungsgeist und friedliche Gesinnungen.

§. 201.
Wissenschaften und Künste.

Die Universität, welche zwar schon Johann Philipp sehr begünstigte, hat seit ihrer Erneuerung gleichsam ihre Existenz wieder erhalten. Hier erhielt die theologische Fakultät drey Professoren der Augsburgischen Confession, welche noch existiren; die Lehrer derselben zeigen ihre Lektionen unmittelbar nach den Lehrern der Katholischen in den gewöhnlichen Lektionsverzeichnissen an, haben auch bey allen akademischen Feyerlichkeiten den Rang nach denselben. In den übrigen Fakultäten sind lutherische und katholische Professuren gleich besetzt. Die Stelle des Kanzlers der Universität, welches der Erzbischof von Maynz ist, vertritt der Weihbischof. Im Jahre 1767. wurde die akademische Commission errichtet, welche zwar bald wieder einging, aber 1783. in einer ganz erneuerten Gestalt wieder auftrat. So wurden auch 1767. mehrere Professuren errichtet, von welchen vorzüglich noch die ökonomische außer der vorbemerkten Theologischen vorhanden ist. Die Universität hat Civilvil- und Criminalgerichtsbarkeit über ihre Glieder. Sie hat fünf Collegien, wovon sie das sächsische neuerlich nach vielen Streiten von Göttingen vindicirt hat, als wohin es der Decanus ziehen wollen. Sie hat einen botanischen Garten, einen anatomischen Schauplatz, ein Collegium clinicum und Sternwarte. Durch eine ganz neuerliche Anordnung ist sie vorzüglich für Staatsrecht, Oekonomie und Cameralien bestimmt. Auch besitzt Erfurt die 1754. errichtete Akademie der nützlichen Wissenschaften und die kaiserliche der Naturforscher. Unter den Bibliotheken ist die erste die Universitätsbibliothek, welcher die Boineburgische einverleibt ist, so wie sie auch neuerlich die Bibliothek der ehemaligen Jesuiten erhielt. Die Bibliothek des Lutherischen Ministeriums besitzt einige alte Handschriften und hebräische Bibeln. Auch die Bibliothek des Schottenklosters verdient ausgezeichnet zu werden. Im Jahr 1774. wurde in dem ehemaligen Jesuitercollegium ein Gymnasium eröffnet, so wie die Evangelischen auch schon längst in dem aufgehobenen Augustinerkloster ein Gymnasium hatten.

§. 202.

Politische Verfassung, Policey und Kriegswesen.

Die Stadt Erfurt genießt viele Freyheiten und Vorzüge. Was die übrige Verfassung betrifft, so besorgt zu Erfurt ein Statthalter die für ihn bestimmten Angelegenheiten. Das erzbischöfliche geistliche Gericht bestehet aus dem Siegler, drey geistlichen Assessoren und einem weltlichen; die Iura ordinis hat der Weihbischof allein zu besorgen. Die Regierung bestehet aus dem

dem Statthalter als Präsidenten und sieben Regierungsräthen; die Kammer ebenfalls aus dem Statthalter und gewöhnlich zwey Kammeräthen. Die Civil- und Criminalgerichte werden durch einen Präsidenten, dazu bestellte Beysitzer und zwey Schöffen versehen, welche in gleicher Anzahl evangelisch und katholisch sind. Der Stadtrath wird in die Ober- und Unterbank getheilt; die Glieder der erstern haben das Wahlrecht. Bey der Wahl wird genau auf die Religionsgleichheit gesehen. Der Stadtrath hat seine besondere Gerichtsbarkeit und Ordnung, und ist in drey Transitus eingetheilt. Besonders hat er die Polizey zu besorgen. Die zwischen den Rathsgliedern beyder Religionen vormals häufig eintretenden Streitigkeiten sind durch den durch die Religionscommission bewirkten und zwischen den Gliedern beyder Religionen 1789. abgeschlossenen Vergleich gehoben worden.

Das evangelische Consistorium bestehet aus den lutherischen Predigern der Stadt, drey Deputirten des Stadtraths, und dem evangelischen Syndikus. Diese Mitglieder werden Commissarien in Ehe- und Gewissenssachen genannt, der Senior hat den Vorsitz, die Appellationen ergehen an den evangelischen Stadtrath, von welchem auch die Ministerialinstruktion ertheilt wird.

Das Officialat ist ein Gericht des Probsts des Stifts unserer lieben Frauen. Es bestehet aus einem geistlichen Official und einem weltlichen Syndikus und Probsteyverwalter. Die beyden Erstern haben Rechts- und Prozeßsachen, letzterer hingegen die ökonomischen. Es richtet über die Praesentationes et processus beneficiorum simplicium. Von demselben ergehn die Appellapellationen an das geiſtliche Gericht, und von da an das Generalvikariat. Die Beamten auf dem Lande ſind auch theils evangeliſch lutheriſch, theils katholiſch, um auch hierinnen die Religionsgleichheit zu beobachten.

Das Kriegsweſen ſo wie die Veſtung ſtehen unter einem Commendanten. Die Kaſernen für die kaiſerlich königlich böhmiſche Beſatzung haben ihr Daſeyn dem oft bemerkten Statthalter von Boineburg zu verdanken.

www.ingramcontent.com/pod-product-compliance
Lightning Source LLC
Chambersburg PA
CBHW031345160426
43196CB00007B/737